Michael Nolten

Jesus Christus verkündigen

Michael Nolten

Jesus Christus verkündigen

Predigten zum Lesejahr B (2014 / 15)

Fromm Verlag

Impressum / Imprint

Bibliografische Information der Deutschen Nationalbibliothek: Die Deutsche Nationalbibliothek verzeichnet diese Publikation in der Deutschen Nationalbibliografie; detaillierte bibliografische Daten sind im Internet über http://dnb.d-nb.de abrufbar.

Alle in diesem Buch genannten Marken und Produktnamen unterliegen warenzeichen-, marken- oder patentrechtlichem Schutz bzw. sind Warenzeichen oder eingetragene Warenzeichen der jeweiligen Inhaber. Die Wiedergabe von Marken, Produktnamen, Gebrauchsnamen, Handelsnamen, Warenbezeichnungen u.s.w. in diesem Werk berechtigt auch ohne besondere Kennzeichnung nicht zu der Annahme, dass solche Namen im Sinne der Warenzeichen- und Markenschutzgesetzgebung als frei zu betrachten wären und daher von jedermann benutzt werden dürften.

Bibliographic information published by the Deutsche Nationalbibliothek: The Deutsche Nationalbibliothek lists this publication in the Deutsche Nationalbibliografie; detailed bibliographic data are available in the Internet at http://dnb.d-nb.de.

Any brand names and product names mentioned in this book are subject to trademark, brand or patent protection and are trademarks or registered trademarks of their respective holders. The use of brand names, product names, common names, trade names, product descriptions etc. even without a particular marking in this work is in no way to be construed to mean that such names may be regarded as unrestricted in respect of trademark and brand protection legislation and could thus be used by anyone.

Coverbild / Cover image: www.ingimage.com

Verlag / Publisher:
Fromm Verlag
ist ein Imprint der / is a trademark of
OmniScriptum GmbH & Co. KG
Heinrich-Böcking-Str. 6-8, 66121 Saarbrücken, Deutschland / Germany
Email: info@frommverlag.de

Herstellung: siehe letzte Seite /
Printed at: see last page
ISBN: 978-3-8416-0594-8

Copyright © 2015 OmniScriptum GmbH & Co. KG
Alle Rechte vorbehalten. / All rights reserved. Saarbrücken 2015

Jesus Christus verkündigen

Predigten zum Lesejahr B (2014 / 15)

Hinführende Gedanken ……………………………………………..3

Predigten in der Advents- und Weihnachtszeit ……………………5
Advent – eine Hinführung ………………………………………….5
Die Botschaft des Täufers ………………………………………….7
Jesus Christus bezeugen ………………………………………….11
Entscheidungen treffen …………………………………………….14
Spannungen aushalten …………………………………………….18
Die Güte und Menschenliebe Gottes ……………………………..22
Einladung zur Nachfolge …………………………………………..25
Zur Bedeutung der Familie ………………………………………..29
Das neue Jahr mit Maria beginnen ……………………………….34
Unbegreiflichkeit und Nähe Gottes ……………………………….38

Predigten im Jahreskreis ………………………………………….42
Taufe – Fundament des Lebens …………………………………..42
Berufung und geistliche Begleitung ……………………………….46
Jesus nachfolgen …………………………………………………..50
Dämonische Kräfte und die Kraft Jesu ……………………………55
Der Alltag Jesu – mein Alltag mit Jesus …………………………..58
Die Heilung eines Aussätzigen – eine Annäherung in 4 Schritten ..62

Predigtreihe in der Fastenzeit: „Geistliche Schätze der Kirche" …..69
Der Wortgottesdienst ……………………………………………….69
Das Stundengebet ………………………………………………….73
Der Rosenkranz …………………………………………………….76

Weitere Perlen des Gebetes 82
Die Eucharistiefeier 87
Der Kreuzweg 91

Predigten an Ostern 96
Auferstehung – Versuch einer Annäherung 96
Sehnsucht nach dem Herrn 100
Wachsen des Osterglaubens 104

Ausblick: Verkündigung geht weiter 108

Einheitsübersetzung der Heiligen Schrift
© 1980 Katholische Bibelanstalt, Stuttgart

Hinführende Gedanken

„Wir verkündigen nämlich nicht uns selbst, sondern Jesus Christus als den Herrn, uns aber als eure Knechte um Jesu willen." (2 Kor 4,5) – so fasst der Apostel Paulus das zentrale Anliegen seines Briefes zusammen, als er sich an seine Gemeinde in Korinth wendet. Sowohl ihm als auch den anderen Autoren des Neuen Testamentes ist es ein großes Anliegen, Jesus Christus als den Sohn Gottes, den Messias, den Erlöser und den Retter der Welt zu verkündigen, eben als den Herrn, den Kyrios. Diese Botschaft ist uns heute in den 27 neutestamentlichen Schriften auf recht unterschiedliche Weise überliefert und es ist die Aufgabe der Prediger, diese „Gute Nachricht" auch den Menschen von heute verständlich zu machen, sie zu „übersetzen" und auszulegen. Dabei kann es eigentlich nur ein Ziel geben, nämlich dass die Person Jesu Christi mit ihrer Botschaft auch in unserer Zeit ankommen und Zugang zu den Herzen der Menschen finden kann.

Das vorliegende Buch enthält eine Reihe von Predigten aus dem Lesejahr B des Jahres 2014 / 15. Grundlage und Ausgangspunkt waren zumeist die Lesungen der jeweiligen Sonntage, also die Texte der Heiligen Schrift. Allerdings wurden aus aktuellem Anlass auch thematische Predigten gehalten, so z.B. eine Predigtreihe in der Fastenzeit, die sich mit den geistlichen Gebetsschätzen und Gottesdienstformen in der Kirche auseinandersetzt. Die aufgeführten Ansprachen erstrecken sich von der Advents- und Weihnachtszeit über einen Abschnitt im Jahreskreis, über die schon erwähnte Fastenzeit bis Ostern. Dabei ist immer wieder auch das aktuelle Zeitgeschehen in die Deutung und Auslegung mit eingeflossen.

Der Predigtort war eine Krankenhauskapelle, der Hörerkreis bestand aus Patienten, Angehörigen und Besuchern sowie vor allem auch aus Gläubigen der Gemeinde und des Umlandes.

Das gesprochene Wort habe ich später in die Schriftform übertragen und dieses steht Ihnen als Leser nun zur Verfügung. Meine Hoffnung ist, dass eine Reihe der ausgesprochenen und aufgeschriebenen Gedanken auch Sie ansprechen und dadurch auch bei Ihnen die Nähe und die Liebe zu Jesus Christus wächst.

Michael Nolten

Predigten in der Advents- und Weihnachtszeit

Advent – eine Hinführung
Predigt zum 1. Advent

Advent – äußerliche Wahrnehmung

Zu Beginn des Advents sei die Frage gestattet: Sind Sie eigentlich bereits adventlich gestimmt? Sind in Ihnen schon adventliche Gefühle aufgekommen? Nehmen Sie die Vorweihnachtszeit bewusst wahr?

Es gibt eine Reihe von äußerlichen Kriterien und Eindrücken, die uns sagen, dass der Advent begonnen hat. Ganz klar: Auf dem Kalender wird uns angezeigt: Heute ist der 1. Advent. Auch das Straßenbild kündet von dieser neuen Zeit: Lichterketten in den Bäumen und an den Häusern, Tannen, die an verschiedenen Plätzen aufgestellt worden sind, Weihnachtsmärkte, die unsere Innenstädte prägen. Viele von uns haben einen Adventskranz zu Hause und dort vielleicht schon die erste Kerze angezündet, ähnlich, wie wir es zu Beginn des Gottesdienstes getan haben. Vielerorts habe ich gehört, dass zu Hause Advents- und Weihnachtsplätzchen gebacken werden; hinzukommen dann die entsprechenden typischen Düfte in Küche und Wohnzimmer. Aber es gibt auch verschiedene musikalische Angebote in unseren Pfarrgemeinden mit Konzerten und dem Gesang von Advents- und Weihnachtsliedern.

Bei all diesen äußeren Angeboten werden unsere Sinne in einer besonderen Weise angesprochen, vor allem die Augen, der Geruchssinn und unser Gehör. Dies alles vermittelt uns: Der Advent hat begonnen. Aber kommt dadurch auch eine innere Stimmung auf, die uns mehr verstehen lässt, was Advent im tieferen Sinn meint? Welche Bedeutung hat für uns Christen der Advent, wenn wir ihn vom säkularen Anstrich befreien?

Adventliche Impulse

Advent bedeutet von der Übersetzung aus dem lateinischen Grundstamm her „Ankunft". Gemeint ist die Ankunft des Herrn, letztlich aus unserem christlichen Verständnis die Ankunft Gottes auf unserer Erde in der Menschwerdung Jesu Christi.

In dieser Adventszeit wollen wir darüber hinaus noch verschiedene Impulse setzen, die unter dem Motto stehen: „Nur ein Koffer". In unserem Stall, der bereits an der Seite des Altarraumes aufgebaut ist, können Sie eine Figur sehen, die auf einem Koffer sitzt. Diese Szene stellt Josef dar, der unterwegs ist – und zwar mit Maria, seiner Verlobten, die auf die Niederkunft ihres Kindes wartet: eine ganz persönliche Ankunft, ein ganz persönlicher Advent.

Wir können uns heute die Frage stellen, was wohl im Koffer des Josef gewesen sein mag? Was hat er mit auf den Weg genommen, als er aufbrach, um sich in seiner Heimatstadt anlässlich der Volkszählung registrieren zu lassen? Viel ist es sicherlich nicht gewesen.

Nur ein Koffer – dieser Aspekt spricht auch ein großes politisches Thema unserer Tage an, nämlich das der Flüchtlinge, von denen viele auch in unserem Land eine neue Heimat suchen. Menschen aus den Krisen- und Kriegsgebieten sind mit „nur einem Koffer" unterwegs und treffen nur mit dem Notwendigsten in unseren Quartieren ein. Persönliches Eigentum und vertraute Personen, Familienmitglieder und Freunde, haben sie zurücklassen müssen. Sie hoffen, bei uns eine neue Heimat finden zu können. Sie hoffen auf menschenwürdige Aufnahme; sie hoffen, hier überleben und leben zu können.

Wir können dabei nicht einfach wegschauen. Wir müssen uns fragen lassen, welche Möglichkeiten wir haben, ihnen eine neue Heimat zu geben? Als Staat? Als Kommune? Als karitative Hilfsorganisation? Als Kirchengemeinde? Oder auch als einzelner?

Wachsamkeit
Das heutige Evangelium fordert uns zur Wachsamkeit auf. Dreimal spricht Jesus diese Mahnung aus. Der ursprüngliche Sinn dieser Worte war offenbar eine Naherwartung: Die Christen der ersten Generation rechneten mit einer baldigen Wiederkunft Jesu noch zu ihrer Zeit.
Heute können wir diese Aufforderung auf Anderes erweitern und aktualisieren. Wir können sie verstehen als eine Sensibilisierung für die großen Herausforderungen unserer Tage. Und dies bedeutet, achtsam zu sein für die Menschen, die bei uns ankommen und zumeist nur mit einem Koffer als Reisegepäck unterwegs sind.

Die Botschaft des Täufers – damals und heute
Predigt am 2. Advent

Johannes der Täufer – sein Erscheinungsbild
Die große adventliche Gestalt ist Johannes der Täufer. Im heutigen Evangelium greift Markus das Wort des Propheten Jesaja vom Rufer in der Wüste auf. So heißt es beim Propheten: *„Bahnt für den Herrn einen Weg durch die Wüste! Baut in der Steppe eine ebene Straße für unseren Gott. Jedes Tal soll sich heben, jeder Berg und Hügel sich senken."* (Jes 40,3f)

Das Erscheinungsbild des Täufers war überaus asketisch. Seine Kleidung bestand aus einem Gewand aus Kamelhaaren, das mit einem ledernen Gürtel zusammengehalten wurde; seine Nahrung war nach biblischer Überlieferung Heuschrecken und wilder Honig. Hinzu kam, dass er sich aus der Zivilisation in die Einöde der Wüste zurückgezogen hatte, um dort auf eine besonders dichte Weise seine Erfahrung mit Gott zu machen. In dieser inneren Auseinandersetzung mit seinem Weg ist zweifelsohne die Klarheit seiner Botschaft erwachsen, die er den Menschen verkündet hat.

Sowohl sein Äußeres als auch seine Worte werden vermutlich auf eine Reihe seiner Zeitgenossen abstoßend und vielleicht auch beängstigend gewirkt haben. Dennoch: Viele jedoch haben sich von ihm angesprochen gefühlt und erkannt, dass er mehr war als ein Fanatiker oder Selbstdarsteller. So beschreibt der Evangelist Markus die Wirkung seines Auftretens: *„Ganz Judäa und alle Einwohner Jerusalems zogen zu ihm hinaus; sie bekannten ihre Sünden und ließen sich im Jordan von ihm taufen."* (Mk 1,5) Die Botschaft von der Umkehr und des Neuanfangs, verbunden mit dem äußeren Zeichen der Taufe, erreichte die Menschen seiner Zeit. So bildete sich auch um ihn ein Jüngerkreis, aus dem sich dann nach Angaben des Johannesevangeliums später einige der Apostelschar Jesu anschlossen[1].

Johannes der Täufer – sein Messiasbild
Ein Teil der Botschaft des Täufers richtete sich also unmittelbar an die Menschen und versuchte sie zu einer Änderung ihrer Geisteshaltung zu bewegen, ein anderer Teil bezog sich auf den Messias, für den Johannes als Wegbereiter auftrat. Wir dürfen davon ausgehen, dass sein Aufenthalt in der Wüste auch eine Auseinandersetzung mit der Gestalt

---

[1] Vgl. Joh 1,35ff.

des Messias bedeutet hat und dass sich allmählich in ihm ein entsprechendes Messias-Bild herauskristallisierte, das er dann in seine Verkündigung einbaute. Dabei charakterisierte Johannes den Messias im Vergleich zu sich selbst als den wesentlich Größeren und Stärkeren: *„Ich bin es nicht wert, mich zu bücken und ihm die Schuhe aufzuschnüren."* (Mk 1,7) – diese Worte machen den kaum beschreibbaren graduellen Unterschied dieser beiden großen biblischen Persönlichkeiten aus. Er, d.h. der Unterschied, drückt sich auch in ihrer jeweiligen „Taufpraxis" aus: Johannes tauft ausschließlich mit Wasser, der Messias dagegen mit Heiligem Geist, wobei zu diesem Zeitpunkt noch gar nicht klar war, was diese Geisttaufe bedeutet.

Johannes wird den Messias erst bei der (Wasser-) Taufe im Jordan erkennen, wenn beide sich unmittelbar gegenüberstehen; jetzt hat er lediglich eine Ahnung, dass eine besondere Zeit angebrochen ist. Er nimmt den „Kairos" wahr; er spürt, dass eine Zeitenwende bevorsteht, wobei er diese noch nicht an einer konkreten Person festmachen kann.

Johannes der Täufer – seine Bedeutung für uns heute

Wir können im Täufer einen Verkünder, einen Gottesboten, einen Wegbereiter und auch einen Mahner sehen. Er ist jemand, der die „Zeichen der Zeit" erkannt hat, weil er offen war für den Anruf Gottes und sich innerlich ganz auf ihn eingelassen hat.

Diese Fähigkeit, die Zeichen der Zeit nicht zu übersehen und den Kairos zu erkennen, ist sicherlich eine Eigenschaft, die für uns Menschen heute vonnöten ist. Ganz sicherlich müssen wir uns fragen: Welches sind denn die Zeichen unserer Zeit heute? Und da bekommen wir, wenn wir ehrlich sind, nicht unbedingt eine Antwort, die uns frohmacht. Wir leben in einer Zeit, die gekennzeichnet ist durch eine angespannte Weltlage und vielen lang anhaltenden kriegerischen Konflikten, die inzwischen auch uns in unserem Land nicht mehr gleichgültig lassen können.

Heute Morgen war in der Tageszeitung ein Artikel zu lesen, der die Überschrift trug: „Warnung vor Krieg in Europa"[2]. Krieg hat immer etwas zu tun mit Angst, Herrschaftsstreben oder fehlender Bereitschaft zum gesellschaftlichen und politischen Wandel. Er hat ebenfalls zu tun mit alten Denkmustern, die in unsere Zeit nicht mehr hineinpassen und zweifelsohne auch mit einem fehlenden oder sehr einseitigen Gottesglauben. Nehmen wir Johannes mit seiner Botschaft in dieser Frage ernst, so können sein Ruf zur Umkehr und seine Ausrichtung auf den Messias, d.h. letztendlich die bewusste Anerkennung Jesu Christi, sehr hilfreich sein. Aber wo spielt Jesus Christus in der Politik wirklich eine Rolle? Oder wo kommt es zu einer Versöhnung der unterschiedlichen Gottesbilder, die hier aufeinanderprallen?

Eine Folge aus den kriegerischen Konflikten bekommen wir in unseren Tagen ganz deutlich zu spüren: die Flüchtlingsdramen, denen auch wir uns inzwischen nicht mehr entziehen können. Auf verschiedenen Ebenen versuchen wir uns hier im Krankenhaus damit auseinanderzusetzen. Eine Möglichkeit, um die bewusste Auseinandersetzung anzuregen und zu vertiefen, ist die Gestaltung unserer Krippe, die zurzeit Josef, auf einem Koffer sitzend, und Maria, in einem Schlafsack liegend, zeigt: Sie sind unterwegs in eine ungewisse Zukunft – wie viele Flüchtlinge unserer Tage. Des Weiteren finden Sie neben den Figuren den Impuls zum 2. Advent, diesmal mit dem Interview einer jungen Krankenschwester unseres Hauses, die von der Flucht ihrer Eltern aus Angola erzählt. Eine ihrer inneren Bewegungen beim Stichwort „nur ein Koffer" lautet: „Wenn ich Nachrichten von Krieg und Flucht höre, dann betrifft mich das in meinem Inneren, weil meine Eltern

---

[2] Kölner Stadtanzeiger vom 6.12.2014.

es genauso mitgemacht haben wie die Menschen in Syrien oder in der Ukraine heute. Es kommt mir vor wie eine Situation, die sich wiederholt und nie ändern wird."

Aus dieser Äußerung und all den weiteren Ereignissen um das Thema „Flucht" erkennen wir, dass Johannes der Täufer und seine Botschaft nichts von ihrer Aktualität eingebüßt haben. Lassen wir seinen Mahn- und Weckruf auch heute an uns heran.

Jesus Christus bezeugen
Predigt am 3. Advent

Das Zeugnis des Täufers

Bereits letzte Woche haben wir an dieser Stelle von Johannes dem Täufer gehört, und zwar wie ihn der Evangelist Markus verkündet hat. Heute sind uns einige Verse aus dem Prolog des Johannes-Evangeliums vorgelegt worden und, wie dies bei verschiedenen Autoren durchaus zu erwarten ist, liegt der Akzent ein wenig anders. Ein wichtiger Aspekt für den Evangelisten Johannes ist der Gedanke, dass der Täufer Zeugnis für den Kommenden ablegt. In diesem Zusammenhang rückt er das Verhältnis zwischen den beiden zurecht und verwendet dafür zunächst das Bild des Lichtes. So sagt er (Johannes, der Evangelist) von ihm (Johannes, dem Täufer) aus: *„Er war nicht selbst das Licht, er sollte nur Zeugnis ablegen für das Licht."* (Joh 1,8)

Dementsprechend macht der Täufer in einem Gespräch mit den Abgesandten der Pharisäer klar, dass er keineswegs eine der großen Persönlichkeiten ist, deren Kommen erwartet wurden: Er ist nicht der Messias, nicht Elija, nicht der Prophet; er versteht sich lediglich als

„Rufer in der Wüste" und damit als eine Stimme des Herrn, die auf den Größeren verweisen soll und darf. Johannes stuft sich selbst im Vergleich zu dem, den er verkündet, sehr weit unten ein. Er sieht sich offenbar als ein Werkzeug in der Hand Gottes, der einen Auftrag und eine Funktion zu erfüllen hat. Nachdem er dies getan hat, verschwindet er von der religiösen Bühne und macht einem anderen Platz. Er hat sein Zeugnis abgelegt; danach wird er in dieser Funktion nicht mehr gebraucht. Äußerlich sieht dies so aus: Johannes wird zum Mahnprediger des Königs Herodes, wird von ihm gefangen genommen, in den Kerker geworfen und schließlich enthauptet. Wir dürfen als gläubige Christen davon ausgehen, dass dieser gewaltsame Weg aus der Welt direkt in die Sphäre des Himmels geführt hat.

Die Bedeutung Jesu Christi

Auch wenn er die konkrete Person des Messias zunächst nicht ausmachen und benennen kann: Der Mensch Jesus von Nazareth spielt im Leben des Täufers die zentrale Rolle. Mit IHM hat er sich in der persönlichen Wüstenzeit intensiv auseinandergesetzt, auf IHN hat er sich schließlich ausgerichtet, IHN hat er immer wieder meditiert und damit einen Raum in seiner Seele gegeben.

Heute sind wir eingeladen, dasselbe zu tun und die Frage an uns heranzulassen: Wer ist Jesus Christus eigentlich für mich?

Im Evangelium wird Jesus, wie wir oben gesehen haben, als das Licht bezeichnet, und da sei es erlaubt zu fragen: Kommt Licht in mein Leben durch Jesus Christus? Wird mein Leben durch ihn bereichert? Wird es durch ihn heller? Wärmer? Wie fühlt es sich an, wenn ich an Jesus Christus denke?

Johannes hat dieses Licht sicherlich in sein Leben hineingelassen und er hat für dieses Licht Zeugnis abgelegt. Auf diesem Hintergrund darf ich mich sicherlich auch fragen lassen: An welchen Stellen lege ich von ihm Zeugnis ab? Wo leuchtet sein Licht in meinem Leben?

Wir sind hier in einem Krankenhaus und da ist es naheliegend zu fragen: Wo ist es möglich, in diesem Haus von Christus Zeugnis abzulegen? Sicherlich doch bei einem Patientenbesuch, wenn ich mich auf die Nöte und Ängste des Anderen einlasse und mit einer Haltung an ihn herantrete, dass ich ihm Heil und Heilung wünsche. Oder auch, wenn unsere Kommunionhelfer die Krankenkommunion auf die Zimmer bringen und damit ganz bewusst die Gegenwart Christus im Sakrament der Eucharistie ermöglichen. Zumeist wird noch eine Kerze aufgestellt und damit deutlich gemacht: Christus als das Licht kommt in dieses Zimmer zu diesem Patienten. Nicht selten ist zu spüren: Viele Menschen sehnen sich nach diesem Licht, d.h. sie sehnen sich nach der heilmachenden Gegenwart Jesu Christi.

Freude
Wir begehen heute auch den Sonntag "Gaudete", d.h. übersetzt: "Freuet euch". Neben dem Zeugnis des Täufers spielt der Gedanke der Freude noch eine wichtige Rolle. Bei Paulus heißt es: *„Freut euch zu jeder Zeit!"* (1 Thess 5,16)

Das führt uns zu der Frage, worüber wir uns in diesen Tagen freuen können: Ist es die Vorfreude auf die möglichen Weihnachtsgeschenke, die wir erwarten, also u. U. eine eher materialistisch ausgerichtete Freude? Oder freuen wir uns auf oder über eine Begegnung mit lieben und vertrauten Menschen? Über Gespräche, über Zeit, die wir miteinander verbringen können? Freuen wir uns über einen Brief? Oder empfinden wir auch Freude über Jesus Christus, zu dem sich eine Beziehung entwickelt hat, weil wir uns – ähnlich wie Johannes der Täufer – mit ihm auseinandergesetzt haben und ihm näher gekommen sind?

Bei all den vielen Formen der Freude, die wir in dieser Vorweihnachtszeit erfahren können, wissen wir um ganz viele Menschen, die keinen Grund zur Freude haben. Im Gegenteil: Angst, Hilflosigkeit, Verzweiflung, Ohnmacht, körperlicher und auch seelischer Schmerz sind die Gefühle, die bei ihnen vorherrschend sind. Mit unseren Impulsen zum Advent wollen wir auch an diesem Sonntag das Schicksal der ungezählten Flüchtlinge ins Bewusstsein rufen, die bei uns eine neue Heimat suchen. Das heutige Interview wurde mit einer jesidischen Frau geführt, die in unserem Haus als Reinigungskraft arbeitet und die vom Schicksal ihrer Familie in Syrien erzählt.

Johannes der Täufer weist auf Jesus Christus als das Licht in dieser Welt hin. Beten wir heute in einer besonderen Weise darum, dass dieses Licht auch zu den verfolgten Menschen kommen möge und dass sie trotz aller bitteren und repressiven Erfahrung ein wenig Freude erfahren können.

Entscheidungen treffen
Predigt am 4. Advent

Entscheidungen in unserem Leben
Es gehört zu den Herausforderungen unseres Lebens, dass wir immer wieder veranlasst werden Entscheidungen zu treffen, ob uns das nun gefällt oder nicht. Es handelt sich dabei um größere oder kleinere Entscheidungen, um wichtige oder auch um weniger wichtige. Manche von ihnen sind aber womöglich richtungsweisend für unser Leben.

Versuchen wir diesen Gedanken ein wenig zu konkretisieren und anhand von Beispielen verständlicher zu machen.

Da gibt es beispielsweise die Entscheidung für die Ausbildung und damit auch für den Beruf. Meine Talente und Neigungen, die sich bei mir feststelle, fließen mit ein. Was kann ich, wo liegen meine Fähigkeiten auf künstlerisch-handwerklichem, intellektuellem oder auch körperlich-sportlichem Gebiet? Natürlich gehören auch eine Reihe von äußerlichen Kriterien dazu, die eine solche Entscheidung mit beeinflussen, z.B. wie sieht es mit den Möglichkeiten aus, einen Ausbildungs- oder auch Studienplatz zu bekommen?

Eine weitere wichtige Entscheidung ist die der Lebensführung, vor die jeder irgendwann einmal gestellt wird. Aus spiritueller Sicht stellt sich oftmals die Frage, ob ich eine Ehe eingehen oder ehelos bleiben möchte, um einen geistlichen Beruf zu ergreifen, der eine solche Entscheidung abverlangt. Aber selbst wenn es nicht um eine Entscheidung für die zölibatäre Lebensform gehen sollte, stellt sich für viele Menschen heutzutage die Frage, ob sie ihren Lebenspartner bzw. ihre Lebenspartnerin heiraten und sich damit fest an ihn bzw. sie binden sollen oder nicht. Innerhalb einer Ehe tun sich auch immer wieder neue Fragen auf, die geklärt werden müssen: Das Ja zum anderen bedarf einer immer wiederkehrenden Erneuerung und auch im Rahmen einer Familienplanung stellt sich die Frage nach Kindern, die von den Eheleuten gewollt sein müssen.

Darüber hinaus erleben wir viele weitere Lebenssituationen, in denen Entscheidungen notwendig sind: womöglich die Entscheidung für den Wohnort, eine Entscheidung für den Erwerb für Wohneigentum oder auch die Entscheidung für eine berufliche Veränderung, wenn Zeit und Umstände dies nahelegen.

Bei all den vielen Lebensentscheidungen lohnt es sich zu fragen, wie und nach welchen Gesichtspunkten diese getroffen werden. Dabei werden wir erkennen, dass oftmals äußere Aspekte und Umstände vorhanden sind, auf die wir selbst wenig Einfluss haben, es dann aber auch innere und sehr bewusste Kriterien gibt, die mir helfen können, dass es auch tatsächlich meine Entscheidung ist, die ich am Ende treffe.

Entscheidungskriterien

Der Hl. Ignatius von Loyola hat sich mit solchen Entscheidungskriterien sehr intensiv auseinandergesetzt und dabei Hilfen bzw. Methoden entwickelt, um die richtige „Wahl" zu treffen. In seinem Buch „Sich entscheiden" hat sich der Jesuit Stefan Kiechle bemüht, diese Kriterien und Methoden für uns Menschen heute verständlich zusammenzufassen[3].

Dabei wäre ein erstes Kriterium „stillwerden und beten". Entscheidungen, vor allem größere Lebensentscheidungen, brauchen Zeit, um reif zu reif zu werden. Von daher ist es ganz wichtig, sie in das persönliche Gebet mit hineinzunehmen und so Gott in den Entscheidungsprozess mit einzubeziehen. Dazu gibt es eine Reihe Vorbilder in der Bibel und in der Kirchengeschichte, die so gehandelt und demzufolge zu „ausgereiften" Entscheidungen gekommen sind, so Charles de Foucault, Franz von Assisi, Ignatius von Loyola selbst, Johannes der Täufer, Paulus oder natürlich auch Jesus.

Entscheidungen können nur wirklich getroffen werden, wenn es mehrere gute und z.T. gleichberechtigte Alternativen gibt. Wenn wir uns in diesen Tagen die Not der Flüchtlinge anschauen, so müssen wir sagen, dass diese Menschen zumeist keine wirkliche Alternative zur Flucht haben: Ihnen geht es lediglich darum, ihr eigenes Leben zu retten. Die furchtbaren Umstände in ihrer Heimat treiben sie dazu an, aufzubrechen und in ein anderes Land zu fliehen, wo sie die Hoffnung auf ein einigermaßen gesichertes und würdevolles Leben haben. – Eine

---

[3] Stefan Kiechle, Sich entscheiden, Reihe: Ignatianische Impulse 2 (Würzburg 2004) S. 45 – 57.

wirkliche Entscheidung wird aber zwischen zwei oder mehreren Möglichkeiten getroffen, die man wirklich aus freien Stücken wählen kann. Dabei gilt es, sich für die eine Möglichkeit bewusst zu entscheiden und die anderen bewusst loszulassen. Dieses Loslassen bedeutet aber immer auch, sich in die Auseinandersetzung hineinzubegeben und wirkliche Trauerarbeit zu leisten, um für den bewusst entschiedenen Weg frei zu sein. Ansonsten hängt man immer noch an den verpassten Chancen, die die Seele weiter belasten und die Freude für den eingeschlagenen Weg trüben.

Eine dritte Methode, um zu einer geklärten und ausgereiften Entscheidung zu kommen, sind bestimmte Übungen der Fantasie, in es darum geht, die unterschiedlichen Wege und Möglichkeiten sich innerlich auszumalen und auf sich wirken zu lassen. Dabei ist es wichtig, innere Regungen und Gefühle wahrzunehmen und gut auszuloten: Bei welcher Entscheidung fühle ich mich letztlich besser? Wo spüre ich, um es ignatianisch auszudrücken, mehr Trost, d.h. inneren Frieden? Ein solcher Abwägungsprozess braucht Zeit und es tut gut, mir erst eine Weile die eine Alternative anzuschauen und hier in Ruhe nachzuspüren, ehe ich dann dasselbe mit der zweiten und ggf. auch dritten Möglichkeit mache. Vielleicht kann ich dann die Frage beantworten: Welcher Weg bietet mir mehr Trost und wo darf ich eine größere Frucht meines Lebens erwarten?

Die Entscheidung Marias

Der heutige vierte Advent führt uns die Entscheidung Marias vor Augen. Sie bekommt plötzlich und unverhofft ein Angebot von „oben", das ihr Leben verändern soll. Das Evangelium ist uns bekannt: Lukas berichtet vom Erzengel Gabriel, der Maria die Bitte und den Willen Gottes überbringt. Maria muss hier als junges Mädchen eine Wahl treffen. Da sie innerlich geordnet scheint, ist ihr dies relativ schnell möglich – zumindest sieht es nach dem biblischen Bericht danach aus. Sie braucht nicht viel Zeit, da sie gottzugewandt und für ihn offen ist. So entscheidet sie sich: Sie spricht ihr „Ja", ohne jedoch zu wissen, was dies für die Zukunft in allen Einzelheiten bedeutet. Hätte sie es gewusst, wäre ihr die Antwort vermutlich nicht so leicht gefallen. Vielleicht hat sie sich aber einiges in ihrer Vorstellung auch kurz ausgemalt und dabei das gespürt, was Ignatius „Trost" nennt. Sie nimmt wahr, dass es ein guter und für die Menschen insgesamt wichtiger Weg ist und dass aus dieser Entscheidung gute Früchte hervorgehen werden.

Jede Entscheidung ist anders und jeder von uns ist anders. Auf Maria zu blicken kann in Entscheidungssituationen eine Hilfe sein. Wichtig ist aber vor allem, bei sich selbst und bei dem eigenen Weg zu bleiben und vor allem auf den zu vertrauen, bei dem „kein Ding unmöglich ist".

Spannungen aushalten
Predigt zur Heiligen Nacht

Die Botschaft der Heiligen Nacht
Wir feiern Weihnachten. Wir hören in dieser Nacht eine kostbare und – eigentlich – frohmachende Botschaft, zumindest wenn wir die biblischen Lesungen dieses Gottesdienstes zugrunde legen.

Da ist zunächst das Wort des Propheten Jesaja, der die Geburt des Retters ankündigt. Er tut dies mit einem klaren und leicht verständlichen Bild; er spricht von einem Licht, das Menschen, die in der Dunkelheit leben, aufstrahlt und damit große Freude erzeugt. Befreiung und Freiheit aus erfahrener Unterdrückung sind die Perspektiven, die sich hier auftun.

Dieser belebende Gedanke wird verbunden mit der Geburt eines Kindes, das eine Herrschaft des Friedens antreten wird. Dabei kann der Prophet den Namen und die konkrete Person noch nicht benennen; auch der Zeitpunkt bleibt noch im Unklaren. Dennoch wirken seine Worte überzeugend. Was Jesaja an dieser Stelle kundtut, ist eine Vision bzw. eine Prophetie; über das ganz genaue Eintreffen kann er zu seiner Zeit nichts sagen.

Wir dürfen aus heutiger Sicht aber glauben, dass sich dieses Wort in der Geburt des Jesus von Nazareth erfüllt hat. Die zweite Lesung aus dem Titusbrief wird da sehr konkret, wenn sie vom rettenden Erscheinen der Gnade Gottes spricht. Diese „Gnade" bekommt einen Namen und ein Gesicht: Der Titusbrief spricht vom „Erscheinen der Herrlichkeit unseres großen Gottes und Retters „Christus Jesus"; allerdings ist der Kontext bereits nachösterlich und spielt auf die sogenannte Naherwartung ab, wie sie sich in der ersten Christengeneration herausgebildet hatte. Dennoch ist wichtig: Die Botschaft dieser Lesung zielt auf die göttliche Pädagogik ab, die uns Christen weg von einer Verhaftung in der Welt hin zu einem wahren Leben in Jesus Christus führen möchte.

Und dann ist da die – vertraute – Botschaft der Engel an die Hirten im Lukasevangelium: Sie sind die ersten, die große Freude darüber empfinden dürfen, dass der Messias, der Retter, der Herr (der Kyrios) geboren ist. Hier erfüllt sich für den gläubigen Christen die prophetische Ankündigung des Jesaja.

Aus den biblischen Texten dieser Nacht geht also ganz klar hervor, dass damals ein ganz besonderes Kind geboren wurde, dessen Geburtstag wir heute feiern. Äußerlich gesehen war es sicherlich nichts Besonderes: eine armselige Situation in einem Stall oder – vermutlich – einer Höhle, eine Futterkrippe anstelle einer Liege oder eines Bettchens. Und dennoch: Wer sein Herz öffnet und tiefer schaut, erkennt, dass mit diesem Kind ein neues Zeitalter beginnt, eine Zeitenwende. Denn mit diesem Kind kommt Gott, der Schöpfer allen Seins, in diese Welt: Er kommt bei uns Menschen an.

Die Spannung dieser Heiligen Nacht
Was empfinden wir in dieser Heiligen Nacht? Welche Gefühle nehmen wir in uns wahr? Möglicherweise ist es ja vor allem die Freude über diese Botschaft, die uns heute verkündet wurde und die wir uns eben noch einmal vor Augen geführt haben. Die äußeren Umstände helfen uns sicherlich zu solchen angenehmen Gefühlen: der feierliche Gottesdienst in einer warmen Kirche, das Zusammensein mit der Familie und mit Freunden, das Bewusstsein, dass Weihnachten auch 2014 ein großes und wunderbares Familienfest ist. Liegt es da nicht auch nahe, das Private an diesem Fest stark zu betonen und sich darin zurückzuziehen?
Die Geburt Jesu fand damals in einer spannungsgeladenen Welt statt. Die Juden standen unter der römischen Vorherrschaft, die sie als Besatzungsmacht oftmals deutlich auslebten, es gab immer wieder Aufstände, um gegen die Unterdrückung anzugehen, und man erwartete letztlich einer politischen Befreier, einen Messias, der ein neues Reich auf der Erde aufrichten würde.
Wenn wir heute Weihnachten und damit das Fest der Geburt des Messias feiern, so tun wir dies in einer nicht minder spannungsgeladenen Weltenlage. Zwar herrscht in unserem Land eine relative politische Ruhe, aber wir wissen von den vielen Brandherden, die um uns herum lodern und wo zahlreiche Menschen ganz gewiss keine „heilige" Nacht verbringen können, sondern auch jetzt um ihr Leben fürchten müssen. Die Konsequenzen aus diesen Gewalt- und

Kriegserfahrungen sind ebenfalls bekannt: zahlreiche Flüchtlingsströme, die sich u.a. bei uns eine einigermaßen sichere Zuflucht erhoffen. Wir haben uns zumindest in unserer Adventszeit und auch jetzt in der Heiligen Nacht mit diesem Thema auseinandergesetzt und es in unserer Krippe veranschaulicht: die Figuren, die auf flüchtende Menschen hinweisen, die gestalteten Plakate im Hintergrund, die Impulse und Interviews von Mitarbeitern des Hauses, die von ihrer persönlichen Fluchterfahrung erzählt haben.

Das alles macht deutlich und bewusst: Jesus kam nicht in eine heile Welt – damals nicht und heute auch nicht! Zu sehr ist die Erlösungsbedürftigkeit der Menschen zu spüren. Ganz deutlich können wir die Spannung zwischen weihnachtlicher Freude einerseits und Erschrecken und Bestürzung über immer neue Gräueltaten wahrnehmen. Diese Spannung müssen wir aushalten, wenn wir uns auf dieses Kind in der Krippe und auf sein Menschsein einlassen.

Die Hoffnung der Heiligen Nacht

In diese Spannung aber wird hineingerufen: „Heute ist euch der Retter geboren!" Die Betonung liegt mehr denn je auf dem Wort „Retter".

Wir erleben, dass vielerorts menschliche Hilfe an ihre Grenzen stößt und dass trotz bestem Bemühen oftmals kaum wirkliche Hilfe möglich ist. Da bleiben womöglich nur noch das Vertrauen und der Glaube, dass Jesus dort geboren wird, wo die Not und das Elend am größten sind. Hier dürfen wir hoffen, dass Menschen trotz allem Erleben von Dunkelheit auch die Erfahrung von (göttlichem) Licht machen. Das Prophetenwort des Jesaja möge für diese Menschen in einer besonderen Weise gelten: *„Das Volk, das im Dunkel lebt, sieht ein helles Licht."* (Jes 9,2)

Wir wissen nicht, wann und ob für die Menschen in einer solchen Not ein Licht wahrnehmbar ist, aber wir können und dürfen darauf hoffen, dass

auch sie von Gottes Liebe nicht ausgeschlossen sind und sie diese womöglich noch tiefer und intensiver erfahren wie wir.
Jesus wird geboren – vielleicht gerade dort, wo niemand es erwartet. Möge uns diese Hoffnung tragen.

Die Güte und Menschenliebe Gottes
Predigt am Weihnachtsmorgen

Ein Fest der Gefühle
Weihnachten ist ein sehr emotionales Fest. Gefühle spielen an diesem Tag eine große Rolle. Diese finden ihren Ausdruck u.a. in einer schmuckvoll ausgestatteten Kirche mit einer Krippendarstellung, einem oder mehreren Weihnachtsbäumen mit leuchtenden Lichtern; gefühlsbetont ist auch die feierliche Liturgie in der Heiligen Nacht, zu der sich nach wie vor viele Menschen in zumeist festlicher Kleidung versammelt haben. Auch die anschließenden Familientreffen und Weihnachtsfeiern unterstreichen noch einmal, dass dieses Fest von starken Gefühlen geprägt ist. Selbst Nichtchristen, z.B. Muslime oder auch Menschen, die eigentlich zur Kirche und womöglich auch zum Glauben eine große Distanz haben, kommen Weihnachten im engsten Kreis zusammen und feiern diesen Tag als Familienfest. Nirgendwo wird das Bedürfnis nach Geborgenheit und Wärme größer als an Weihnachten.
Auch das heutige Evangelium nach Lukas (2,15-20) strahlt Ruhe und Feierlichkeit aus. Es berichtet von den Hirten, die nach der Verkündigung durch die Engel nach Bethlehem aufbrechen und dort an der Krippe „geordnete Verhältnisse" vorfinden. Die schlichte Schilderung von der

Anwesenheit der Eltern mit ihrem Kind lässt darauf schließen, dass Maria und Josef mit sich im Reinen und zunächst einmal dankbar über die geglückte Geburt sind. Über Maria wird gesagt, dass sie alles in ihrem Herzen bewahrte und darüber nachdachte. Damit ist sicherlich kein verstandesmäßiges Denken gemeint, sondern viel eher ein Denken im Herzen: Es handelt sich dabei wohl um eine Art Meditation, in der Maria die Erlebnisse innerlich immer wieder liebevoll angeschaut und in Beziehung zum Wirken Gottes in ihrem Leben gesetzt hat. Auf diese Weise spürt die junge Mutter das, was der Hl. Ignatius Trost nennt: inneren Frieden und das Gefühl einer besonderen Nähe Gottes.

So sehen wir also: An Weihnachten stehen durchaus berechtigt zunächst die Gefühle im Vordergrund und von daher dürfen wir uns fragen: Welche Gefühle tun sich bei uns auf, wenn wir in unser Inneres hineinspüren? Und was bewegt uns, was bewegt mich in meinem Herzen?

Eine Theologie der göttlichen Liebe

Die Lesung an diesem Weihnachtsmorgen ist dem Titusbrief entnommen. Es handelt sich um einen späteren Brief aus dem Umfeld des Apostels Paulus an dessen Mitarbeiter Titus. Dieser Brief hat weniger emotionalen, sondern vielmehr amtlichen Charakter und enthält Anweisungen für ein christliches Leben und Verhalten, zum einen für Titus selbst, zum anderen aber auch für die Christen allgemein. Dabei wird der Glaube bewusst reflektiert: Im Gegensatz zu der Schilderung des Evangelisten Lukas, der das Herzensdenkens von Maria hervorhebt, geht es hier um die Frage der Vernunft und um den Gebrauch des Verstandes in Glaubensfragen. Die starken Gefühle treten zurück. Und doch sind die Aussagen klar und unmissverständlich: Die Güte und die Menschenliebe Gottes sind erschienen, personalisiert in Jesus Christus, der der Retter ist und zum ewigen Leben befreit. Und weil Gott auf diese Weise Liebe und Güte übt, sollen als Konsequenz daraus auch alle Gläubigen Liebe und Güte üben: alle, die zum Glauben gekommen sind, sollen sich nach Kräften darum bemühen, das Gute zu tun – so folgert es der Titusbrief[4].

Von daher können wir aus dieser Theologie den einfachen, aber konsequent logischen ethischen Imperativ ableiten: Gottes Güte veranlasst die Christen, ebenfalls das Gute zu tun. Was das jedoch konkret heißt, ist immer wieder neu zu erspüren.

Die Botschaft in unserer Zeit

In unserer Kirchenzeitung finden wir in der aktuellen Ausgabe einen Weihnachtsgruß unseres neuen Erzbischofs Rainer Maria Kardinal Woelki. Er trägt den anschaulichen Titel: „Das Kind will alle in die Arme nehmen."[5] Darüber finden wir auf derselben Seite ein Foto, das ein überfülltes Boot mit Flüchtlingen zeigt. In dem dazugehörigen Text heißt es, dass Tausende auf der Flucht sind vor Hunger, Krieg, Verfolgung … Manche, so die bittere Erfahrung, kommen an, viele verlieren auf der Flucht ihr Leben.

An diesem Weihnachtsfest wollen wir ganz besonders diese heimatlos gewordenen Menschen in den Blick nehmen, wozu auch viele Familien mit ihren Kindern gehören. Auch für sie gilt die Botschaft von der Güte und Menschenliebe Gottes; ihnen muss diese womöglich noch deutlicher gesagt werden als uns, die wir uns in relativ gesicherten Verhältnissen damit beschäftigen können.

---

[4] Vgl. Tit 3,8.
[5] Vgl. Kirchenzeitung für das Erzbistum Köln, Ausgabe 51-52, 19. Dezember 2014, S. 3.

Wir machen in diesem Zusammenhang trauriger Weise die Erfahrung, dass an vielen Stellen unserer Erde das Empfinden für Menschlichkeit und Menschenwürde verloren gegangen ist. Stattdessen sind vielerorts Menschenverachtung und Gefühlskälte eingezogen. Dieses Weihnachtsfest fordert uns dazu auf, ein Gegengewicht zu setzen und dabei muss ich bei mir und in mir anfangen: Ich darf mir als Christ wieder ganz bewusst die Güte und Menschenliebe Gottes vergegenwärtigen und mich für diese öffnen. So gelingt es mir womöglich, das christliche Menschenbild wieder zu stärken, zunächst in mir selbst, dann aber auch nach außen hin, indem ich den anderen als Ebenbild Gottes sehe und auch so behandle. Dieses Bewusstsein von einem Gott, der in Jesus Christus seine Güte und Menschenliebe aufleuchten lässt, muss in unseren Tagen wieder neu entdeckt und verbreitet werden. Vielleicht können wir Christen an Weihnachten unseren Beitrag dazu leisten.

Einladung zur Nachfolge
Predigt am Fest des Hl. Stephanus

Weg vom Kind in der Krippe
An Weihnachten blicken wir auf das Kind in der Krippe. In diesem Jahr ist unsere Krippe aufgrund der aktuellen Flüchtlingsproblematik besonders gestaltet: Die Szene stellt Flüchtlinge dar, in deren Mitte auf einmal ein neugeborenes Kind liegt, es befinden sich im Hintergrund Plakate, auf denen Schüler und auch Kirchenbesucher ihre Eindrücke zu diesem Zeitgeschehen hinterlassen haben, und es liegen wieder Impulse mit Interviews aus, in denen Mitarbeiter unseres Hauses von ihrer

Vergangenheit und Fluchterfahrung sprechen. Das Thema dieser Aktion lautet: „Nur ein Koffer".

Ebenfalls haben wir in der Christmette das Kreuz in den Gottesdienst hereingetragen und neben die Krippe gestellt; die Stola, die über diesem Kreuz hängt, hat allerdings die Farbe gewechselt: vom festlichen Weiß zum blutigen Rot.

Nachdem wir zuvor in der Christmette und auch in der Frühmesse des ersten Weihnachtstages das vertraute „Stille Nacht, heilige Nacht" gesungen haben, ist diese „stille Nacht" inzwischen wieder laut geworden: das Dröhnen der Artillerie und der Kampfflugzeuge, die Explosion von Bomben, die Schreie der Menschen – Nachrichten aus den Krisen- und Kriegsgebieten erreichen uns wieder, wenn wir sie an uns heranlassen. Die Ruhe und die Feierlichkeit der Heiligen Nacht hält nicht lange vor. Heute, am 2. Weihnachtstag, werden auch in der Liturgie ernstere Töne angeschlagen und das Thema der Gewalt tritt deutlich in den Vordergrund: Wir feiern heute das Fest des Hl. Stephanus, des ersten Märtyrers der jungen Christengemeinde. Er erfährt am eigenen Leib die gewalttätige Seite der Religion: Aus einem Glaubensdisput, den er mit verschiedenen Gruppen von Juden führt, wird nach einer gewissen Zeit eine zwiespältige Gerichtsverhandlung vor dem Hohen Rat, und diese endet schließlich mit seiner Steinigung. Der verbale Streit um Glaubenswahrheiten kostet Stephanus das Leben und bedeutet für ihn das Martyrium.

Der Weg Jesu
Stephanus war der erste von zahllosen Anhängern Jesu, die für ihren Glauben gestorben sind. Das Evangelium[6] enthält eine Ankündigung

---

[6] Vgl. Mt 10,17-22.

Jesu an seine Jünger, dass Nachfolge durchaus auch den leiblichen Tod bedeuten kann.

Jesus selbst hat in seinem Wirken selbst kein Blatt vor den Mund genommen: Er hat gegen die Missstände in seiner Religion gekämpft. Dabei sind zahlreiche Streitgespräche und verbale Auseinandersetzungen mit seinen Gegnern überliefert, wobei die göttliche Weisheit Jesu diese immer wieder in die Defensive gedrängt hat. Zwar hat sich Jesus immer wieder für den Frieden und für gewaltfreie Konfliktlösungen eingesetzt, aber unmissverständlich sind trotzdem seine Aussagen, wenn es darum geht, für die Wahrheit – und damit für Gott – Zeugnis abzulegen. So haben sich die Menschen damals und heute sicherlich an seinen Worten gerieben, z.B. wenn er sagt: *„Denkt nicht, ich sei gekommen, um Frieden auf Erden zu bringen. Ich bin nicht gekommen, um Frieden zu bringen, sondern das Schwert."* (Mt 10,34) Falsch verstandene Harmonie war nicht sein Weg.

Aufgrund dessen hat er sich schon früh Feinde zugezogen und die Evangelien berichten immer wieder von Überlegungen seiner Gegner, ihn zu töten. Aber die Zeit war noch nicht reif.

Vermutlich drei Jahre konnte Jesus sein Ziel verfolgen, alte Verkrustungen in der jüdischen Religion aufzubrechen und ein einseitiges und verhärtetes Gottesbild in den Menschen aufzulösen. Drei Jahre hatten seine Anhänger Zeit, dies von ihm zu lernen und die neue Botschaft mit dem neuen Gottesbild in sich aufzunehmen.

Nachfolge – Stephanus und Jesus

Der zweite Weihnachtstag mit dem Gedenken an den Hl. Stephanus lädt uns zur bewussten Nachfolge Jesu ein. Stephanus hatte das Amt des Diakons inne, damals eine karitative Aufgabe in der Jerusalemer Urgemeinde, bei der es um den „Dienst an den Tischen" und um die

Versorgung der Witwen ging[7]. Durch diese Aufgabe, sich den Bedürftigen zuzuwenden, wird die soziale Seite des Stephanus deutlich, denn ohne die entsprechende innere Neigung hätte er den Dienst sicherlich nicht verantwortungsbewusst tun können.

Stephanus war aber auch ein begnadeter Redner und Prediger. Dies zeigen u.a. das Streitgespräch, das er mit einer gemischten Gruppe von engagierten Juden führte[8], sowie die anschließende Rede vor dem Hohen Rat[9], die letztlich den Unmut und die unkontrollierte Wut seiner Zuhörer auslöste.

Stephanus war offenbar mit diesen beiden Charismen ausgestattet, wobei er sie vor allem dazu benutzt hat, um Christus in seinem Leben lebendig werden zu lassen und ihn in Wort und Tat zu verkündigen. Wir können dabei durchaus von einer „Christusförmigkeit" sprechen, vor allem, wenn wir auf sein Schicksal und sein Lebensende schauen. Hier fallen durchaus gewisse Parallelen bzw. Ähnlichkeiten auf:

- Jesus stirbt den Tod am Kreuz, Stephanus wird durch die Steinigung hingerichtet. In beiden Fällen müssen aber falsche Zeugen bemüht werden, um das unrechtmäßige Urteil zu begründen[10].
- Beide leben noch im Sterben die Barmherzigkeit. Von Jesus wird das Wort am Kreuz überliefert *„Vater, vergib ihnen, denn sie wissen nicht, was sie tun" (Lk 23,34)*, Stephanus betet für seine Mörder: *„Herr, rechne ihnen diese Sünde nicht an."* (Apg 7,60)
- Beide zeigen im Sterben – trotz intensiven Ringens und Todeskampfes – ein gefestigtes Grundvertrauen in die Güte und

---

[7] Vgl. Apg 6,2-6.
[8] Vgl. Apg 6,9.
[9] Vgl. Apg 7,1-33.
[10] Vgl. Apg 6,13; Mt 26,60.

übergroße Liebe des Vaters. Jesus betet vor seinem Hinscheiden: *„Vater, in deine Hände empfehle ich meinen Geist!"* (Lk 23,46); Stephanus ruft, nachdem er den Himmel offen gesehen hat: *„Herr Jesus, nimm meinen Geist auf!"* (Apg 7,59)

Das Beispiel des Stephanus, sein Leben und seine Christusverbundenheit, die vor allem in seinem Sterben noch einmal ganz deutlich wird, machen uns Mut, dass auch wir uns zu Jesus zu bekennen und den Weg der Nachfolge antreten können, wie immer diese dann konkret für jeden einzelnen aussehen mag.

Zur Bedeutung der Familie
Predigt am Fest der Heiligen Familie

Familie heute

In den vergangen Tagen haben vermutlich sehr viele von uns gespürt: Weihnachten ist ein Familienfest. Familien kommen zusammen, um miteinander zu reden, sich womöglich nach langer Zeit einmal wieder auszutauschen, den Gottesdienst zu besuchen und vielfach auch Geselligkeit und Freude beim Spiel zu erleben. Natürlich darf gutes und reichhaltiges Essen nicht fehlen. Familie zu haben und zu erleben ist gerade Weihnachten sehr wichtig, und wo es nicht so ist, machen sich oftmals Einsamkeit und Traurigkeit bemerkbar.

Wie wichtig Familie ist und welche Bedeutung sie nach wie vor noch in unserer Gesellschaft hat, zeigt auch die Werbung: Da wird das klassische Bild einer Familie gezeigt, die behütet und geschützt werden muss; natürlich durch die Leistungen einer großen und bekannten Versicherung.

Diese beiden Beispiele zeigen: Familie ist trotz allem Wandel und trotz aller gesellschaftlichen Veränderungen eine Keimzelle menschlichen Lebens und Familie ist ein großes und wichtiges Lernfeld für die einzelnen Mitglieder, um Mensch zu werden und zu Persönlichkeiten heranzureifen.

Lern- und Erfahrungsfelder in der Familie
An Weihnachten war ich zu Besuch bei einer befreundeten Familie und habe dort einmal nachgefragt, welche Bedeutung sie der Familie beimessen würden. Die nachfolgenden Gedanken verstehen sich als ein Brainstorming ohne den Anspruch auf Vollständigkeit.
- Die Erfahrung von Zusammenhalt: Ich erlebe Menschen, die in ganz unterschiedlichen Lebenssituationen zusammenstehen.
- Die Erfahrung von Vertrauen und Angenommensein: Dies gilt nicht nur für die Bildung des wichtigen Urvertrauens bei den (neugeborenen) Kindern, sondern ich erlebe immer wieder neu die Familie als eine Gemeinschaft, in der ich so sein darf wie ich bin – mit meinen Stärken und meinen Schwächen oder Fehlern. Familie ist der Ort, wo junge Menschen die erste Liebe im Sinne von Geliebtwerden erfahren wird.
- Das Erleben von Zugehörigkeit und Heimat: Familie ist der Ort, wo ich zu Hause bin – äußerlich durch die Wohnung oder das gemeinsame Haus, innerlich durch die Menschen, mit denen ich das Leben teile, soweit dies möglich ist.
- Ein Raum zum Erwachsenwerden: Dies gilt zunächst einmal für die Kinder und heranwachsenden Jugendlichen, die ihre Eltern als Vorbilder erleben dürfen (wobei es natürlich hier immer wieder auch andere Erfahrungen geben kann). In dem Zusammenhang ist

Familie der Ort, in dem wichtige Werte durch die zusammenlebenden Personen vermittelt werden.
- Ganz wichtig: der Umgang mit Konflikten. In der Familie lerne ich, wie ich Konflikte bewältigen (oder auch nicht bewältigen) kann. Ich lerne Strategien, wie ich Probleme und Schwierigkeiten angehe und für sie nach einer Lösung suche.
- Ebenfalls wichtig: der Umgang mit Trauer. Erfahrung mit Verlust, Schmerz und Leid bleibt niemandem erspart. In der Familie erlebe ich, wie und ob Trauer aufgefangen und bewältigt und verarbeitet werden kann.
- Die Weitergabe des Lebens: Familie ist der Ort, wo das Leben weitergeben wird, einerseits biologisch durch Zeugung, anderseits aber auch geistig, indem religiöse und Glaubenswerte dem jungen Menschen vermittelt werden. Dazu gehört auch ein entsprechendes Gottesbild, das tradiert und als Glaubensgrundlage eingepflanzt wird.
- Vermittlung von Kulturgut: Dazu gehört die gelebte Kultur in der Familie, die sich z.B. in gemeinsamen Besuchen von Konzerten, Theater- oder Kinoaufführungen zeigt.
- Nicht zuletzt ist die Sorge der Eltern um ihre Kindern bei der Erziehung zu nennen, aber auch die Sorge der Kinder um ihre – womöglich kranken und älter werdenden – Eltern, oder auch die Sorge um weitere Familienmitglieder, deren Leben in irgendeiner Weise infrage gestellt oder womöglich sogar bedroht ist.

Dies sind, wie eingangs erwähnt, nur einige Aspekte und Lernfelder des Familienlebens, die wir an dem Abend einmal zusammengetragen haben und die sicherlich je nach Situation und Familie ergänzt und erweitert werden können und müssen.

Lernfelder in der Familie kommen immer wieder auch in unserem ökumenischen Gottesdienst zur Sprache, den wir im Krankenhaus einmal im Jahr für pflegende Angehörige halten. Hier nehmen wir zumeist ältere Menschen in den Blick, die pflegebedürftig geworden sind und von ihrem Partner oder ihrer Partnerin gepflegt werden müssen. Eine Herausforderung ist es oftmals, diese mit ihren physischen und auch psychischen Veränderungen auszuhalten und zu lernen, mit dieser neuen Situation umzugehen. Dabei werden nicht selten auch Grenzerfahrungen in Rahmen der eigenen Familie gemacht. Aber auch Kinder, sowohl erwachsene, aber nicht selten auch minderjährige, werden in die Pflege ihrer Eltern eingebunden und erleben, was es heißt, für ein Familienmitglied da sein zu müssen, das sein Leben nicht mehr eigenständig bewältigen kann. Manchmal befinden sich auch Enkel mit im Boot, sodass das „Lernfeld Pflege" drei Generationen umfassen kann.

Immer wieder erlebe ich hier im Krankenhaus Familienkonstellationen und Familienprozesse am Kranken- bzw. Sterbebett. Sehr gut ist mir noch eine Situation in Erinnerung, in der es um einen sterbenden älteren Mann ging: Der Sohn war mit seiner Frau zugegen und auch die beiden heranwachsenden Töchter des Ehepaares waren dabei. Es kam zu einem ersten Gespräch mit dem Sohn und der Schwiegertochter des Patienten, in dem die Frage nach dem richtigen Zeitpunkt der Krankensalbung thematisiert wurde. Ich konnte das innere Ringen der beiden sehr deutlich spüren, denn die Spendung der Krankensalbung bedeutete für sie das Eingeständnis, dass das Leben zu Ende geht und der Abschied unwiderruflich bevorsteht. Sie brauchten noch etwas Zeit, um sich für den Schritt zu diesem Sakrament zu entscheiden. Nach etwa zwei Stunden war es dann soweit und ich konnte im Kreis der Familie die Krankensalbung spenden. Es war inzwischen eine innere Aufgeschlossenheit bei dem Ehepaar da, aber auch die beiden Töchter nahmen mit einer großen inneren Bereitschaft an dieser kleinen Feier teil. Als dann auch noch der Patient reagierte, seine Zustimmung signalisierte und durch seine Reaktionen spürbar wurde, dass etwas auf einer tieferen Ebene bei ihm angekommen war, kehrte Erleichterung und Frieden bei der Familie ein. Sie merkten, dass ihre Entscheidung für diesen Schritt richtig gewesen war.

So waren für diese Familie das Krankenzimmer und das Krankbett ein zu einem ganz wichtigen Ort des Lernens geworden. Solche und ähnliche Lernsituationen gibt es immer wieder im Leben und es ist sicherlich gut und hilfreich, wenn Familienmitglieder sich solchen Herausforderungen auch gemeinsam stellen.

Familie in der Bibel – die heilige Familie

Auch die Bibel ist voll von Aussagen und Erfahrungsberichten über die Familie in den unterschiedlichsten Situationen. Abram wird von Gott eine große Familie und reicher Kindersegen versprochen; aber zunächst einmal beginnt dieser mit der Erfahrung, dass seine Frau Sara noch im hohen Alter ihm einen Sohn gebären kann und damit der Makel der Kinderlosigkeit aufgehoben wird[11].

Familie spielt hier insofern eine noch größere Rolle als heute, als sie eine Art Lebensversicherung für die älter und kränker werdenden Familienmitglieder bedeutete. Auf diesem Hintergrund ist z.B. das 4. Gebot, das „Vater und Mutter in den Blick nimmt, zu verstehen, und das in gewisser Weise einen Generationenvertrag des Alten Bundes darstellt, in dem die Kinder zur Sorge für ihre gebrechlich und alt

---

[11] Vgl. Gen 15,1-6; 21,1-3.

gewordenen Eltern verpflichtet werden, für die es keine andere Versicherung und Vorsorge gab.

Wenn wir heute der „heiligen Familie" gedenken, dann dürfen wir sicher sein, dass auch sie ein Ort des Lernens für ihre Mitglieder und sicherlich auch für den heranwachsenden Gottessohn gewesen ist. Zweifelsohne können wir die Aspekte, die wir eben aufgeführt haben, auch auf die Familie Jesu übertragen, sodass er dort die Grunderfahrungen des Menschseins gemacht hat und vermutlich 30 Jahre in der Stille zu der Persönlichkeit heranreifen konnte, die dann in der Lage war kraft- und liebevoll das Evangelium zu verkünden und zu leben. Insofern die „heilige Familie" Jesus einen solchen Raum für seine ganz persönliche Menschwerdung zur Verfügung gestellt hat, ist sie sicherlich auch Vorbild für unsere Familien von heute. Die Erfahrung von Freude, aber sicherlich auch von Schmerz und Leid wurden dort erlebt und dienten dem menschlichen Wachstum.

Das neue Jahr mit Maria beginnen
Predigt zu Neujahr

Der Jahreswechsel

In der vergangenen Nacht haben wir den Jahreswechsel vollzogen. Die meisten von uns haben Silvester gefeiert: in der Familie, mit Freunden, aber vielleicht auch allein oder zu zweit. Wir haben das neue Jahr begrüßt und vermutlich das traditionelle Feuerwerk wahrgenommen; eventuell haben wir aber auch sogar unseren Teil dazu beigetragen und die ein oder andere Silvesterrakete starten lassen. Für die meisten von uns war es vermutlich eine kurze Nacht und doch haben eine ganze

Reihe von uns heute Morgen zu Beginn des Neuen Jahres den Weg in den Gottesdienst geschafft. Wir wollen damit zum Ausdruck bringen: Gott soll auch am Anfang des Neuen Jahres einen Platz in unserem Leben haben; aber sicherlich nicht nur am Anfang: Gott soll uns auch durch das neue Jahr 2015 mit seiner Liebe und mit seinem Segen begleiten. Diese Sehnsucht und diese Hoffnung haben wir, wenn wir heute miteinander Eucharistie feiern.

Maria, die Gottesmutter

Die Kirche begeht am heutigen Neujahrstag auch gleichzeitig das „Fest der Gottesmutter Maria". Maria steht somit am Beginn des Neuen Jahres und damit sind wir eingeladen, uns einige Gedanken zu Maria als Mutter (Gottes) zu machen.

Das Evangelium des heutigen Festtages ist noch einmal dasselbe, das uns auch am Weihnachtsmorgen verkündet worden ist: Es erzählt uns von der Begegnung mit den Hirten, die von dem Engel auf die Geburt des göttlichen Kindes aufmerksam gemacht worden sind; es schildert sehr einfühlsam die inneren Bewegungen, die Maria in ihrem Herzen gespürt hat, und es ergänzt zudem den Gedanken, dass das Kind nach acht Tagen dem jüdischen Brauch entsprechend beschnitten wurde[12].

In einer jesuitischen Zeitschrift fand ich vor kurzem einen Artikel über marianische Spiritualität, der drei wichtige Aspekte von Maria beschreibt: Maria als Jüdin, Maria als Christin, Maria als Mutter[13]. Mir erschienen diese Überlegungen recht hilfreich für unser Verständnis von Maria, sodass ich einige von ihnen an den Beginn des Neuen Jahres stellen möchte.

---

[12] Vgl. Lk 216-21.

[13] Vgl. Dominik Matuschek, Unsere Liebe Frau. Grundzüge einer marianischen Spiritualität, in: GuL 4/2014 S. 250-360.

(1) Maria als Jüdin

Maria – davon dürfen wir ausgehen – war eine gesetzestreue jüdische Frau. Paulus fasst dies im Galaterbrief so zusammen: *„Als die Zeit erfüllt war, sandte Gott seinen Sohn, geboren von einer Frau und dem Gesetz unterstellt ..."* (Gal 4,4)

Mit dem Gesetz ist sicherlich das jüdische Gesetz gemeint, das Jesus kennengelernt und in dem er entsprechend erzogen wurde. Dies war aber nur möglich, wenn er Eltern hatte, die mit diesem Gesetz vertraut waren und selbst in ihm gelebt haben. Von daher ist es sehr leicht nachzuvollziehen, dass auch Maria in dieser jüdischen Gesetzestradition zu Hause war und sie an ihren Sohn weitergegeben hat. Vor allem das Lukasevangelium mit seinem Blick auf die Kindheitsgeschichte Jesu macht deutlich, dass Maria sich vom Judentum her verstand und sich bewusst auch in die Tradition der anderen jüdischen Mütter einreihte: Sie beteiligte sich an allem, was für die Juden üblich und geboten war; die Beschneidung ihres Sohnes und die Teilnahme an Wallfahrten sind in den Evangelien überlieferte Indizien für die religiöse Glaubenspraxis von Maria[14].

(2) Maria als Christin

Maria war also als Jüdin erwählt, die Mutter Jesu zu werden. Theologisch bedeutet dies, dass Maria am Beginn der Kirche steht. Sie ist dazu berufen, Christus zur Welt zu bringen und ihn zu bezeugen, wie es auch Aufgabe der Kirche ist, Christus immer wieder neu in diese Welt hineinzutragen und von ihm Zeugnis abzulegen. Maria ist, wenn wir es so sehen können, die erste Vertreterin des Christentums, indem sie durch ihre Schwangerschaft und Geburt von Jesus einen ganz engen Bezug zu ihm, dem Begründer des Christentums, hat. Darüber hinaus lässt sich an Maria ablesen, „dass nicht das äußerlich vollzogene Ritual,

---

[14] Vgl. ebd. S. 352f.

sondern der Glaube das wesentliche Moment des Christ-Seins darstellt[15]." Sie spricht ihr „Ja", glaubt und vertraut auf Gottes heilmachendes Wirken und lässt sich auf seine Initiative ein. Was Maria durch unmittelbar durch Gottes Handeln erfahren hat, wird uns Christen vor allem im Sakrament der Taufe zugesprochen: Die Initiative geht immer von Gott aus und führt uns – letztlich durch die Hineinnahme in Jesu Tod und Auferstehung – zum Leben.

(3) Maria als Mutter

Bleibt noch eine kurze Betrachtung auf Maria als Mutter. Hier gäbe es sicherlich viele Aspekte zu erwähnen. Ein erster wichtiger Aspekt ist sicherlich die konkrete biologische Schwangerschaft, in der eine Mutter eine ganz intensive Beziehung zu ihrem Kind aufbaut: Sie spürt die inneren Regungen, den Herzschlag, nimmt die Bewegungen wahr; sie erlebt „leibhaftig", wie das Leben in ihr heranwächst. Jede Mutter wird dies sicherlich nachempfinden können. Diese nahezu symbiotische Beziehung verändert sich nach der Geburt: Sie muss das Kind in die Unsicherheit der Außenwelt entlassen, wobei die Eigenständigkeit des neuen Erdenbürgers immer mehr zunimmt und der persönliche Abstand immer größer wird. Auch Maria musste dies als Mutter erfahren. In der Bibel finden wir den Hinweis auf den 12jährigen Jesus im Tempel, das Verlassen Jesu seiner Heimat aufgrund seiner Berufung zur Verkündigung des Evangeliums sowie viele unverständliche Fragen bis hin zur Passion, die Maria oftmals von ihrem Sohn entfremdet haben mögen. Schließlich blieb aber bei alledem trotzdem die Mutter-Sohn-Beziehung erhalten: Der Evangelist Johannes macht dies noch einmal deutlich, wenn er die Szene unter dem Kreuz beschreibt und Jesus den Lieblingsjünger seiner Mutter als „Sohn" anvertraut. Die Beziehung zwischen Maria und Jesus resp. zwischen Mutter und Sohn hat nie

---

[15] Ebd. S. 355.

aufgehört, auch wenn das Verhältnis sich immer wieder gewandelt und sich den neuen geistigen Verhältnissen angepasst hat.

Wir stehen am Beginn eines neuen Jahres. Wie bei Maria mag es für jeden einzelnen von uns viele Fragen aufwerfen, sowohl im persönlich-familiären als auch im beruflichen Bereich. An Maria können wir ablesen, dass es gut ist, mit Christus in Kontakt zu bleiben, auch wenn viele Herausforderungen auf uns warten. Seines Beistandes dürfen wir uns dabei sicher sein, wobei dies keineswegs bedeutet, dass alles einfach wird. Manchmal ist es vielleicht auch nur unter größtmöglicher Anstrengung möglich und manchmal bleiben bis zuletzt viele Fragen offen. Das ist die Botschaft am heutigen Tag, wo wir auf den Weg Marias mit Christus schauen dürfen.

Unbegreiflichkeit und Nähe Gottes
Predigt am 2. Sonntag nach Weihnachten

Die Unbegreiflichkeit Gottes

„Einen Gott, den es gibt, gibt es nicht." Dieser Satz stammt von dem bekannten evangelischen Theologen Dietrich Bonhoeffer, den er 1930 niederschrieb[16]. Diese Aussage dürfen wir wohl so verstehen: Gott ist nicht fassbar; er ist letztlich nicht begreifbar. Er entzieht sich immer wieder dem menschlichen Zugriff und es ist uns nicht möglich, ihn in menschliche Kategorien zu bringen und in irgendeiner Form einzuordnen. Einen Gott, den es so gibt, dass wir abschließende Aussagen über ihn machen könnten, gibt es nicht.

---

[16] Vgl. http://www.franz-sales-verlag.de/fsvwiki/index.php/Lexikon/Dreifaltigkeitssonntag-LJA.

In dieselbe Richtung zielt der Gedanke des Ordensgründers, Mystikers und Schriftstellers Franz von Sales, wenn er sagt: „Nichts erfasst ihn, um ihn zu verstehen, er aber umfasst und hält alles. Er ist unendlich, er ist überall und hält alles durch seine Macht. Gott ist ein unendlicher Geist, Ursache und Bewegung aller Dinge, in dem und durch den alles ist, alles besteht und bewegt wird[17]."

Beides sind Aussagen über die Größe und Unbegreiflichkeit Gottes. Sie wenden sich gegen ein allzu menschliches Gottesbild und gegen den Versuch, Gott und sein Handeln – aus menschlicher Sicht – erklären zu wollen. Hier greifen die Worte des Propheten, der im Alten Bund bereits Gott sagen lässt: *„Meine Gedanken sind nicht eure Gedanken, und meine Wege sind nicht eure Wege. So hoch der Himmel über der Erde ist, so hoch erhaben sind meine Wege über eure Wege und meine Gedanken über eure Gedanken."* (Jes 55,8f)

Das bedeutet für uns, dass menschliches Dasein in Bezug auf Gott auch immer wieder menschliches Suchen bedeutet. Immer wieder werden neue Fragen aufgeworfen, immer wieder gibt es neue Herausforderungen im Glauben. Dabei kommen wir niemals an ein Ende, sodass wir sagen könnten: Jetzt habe ich Gott, seine Absichten und das, was er vorhat, wirklich verstanden. Gott bleibt immer auch der ganz Andere, der Größere, derjenige, der alles menschliche Denken übersteigt. Immer wieder kommen wir bei dem Versuch, Gott verstehen zu wollen, an unsere Grenzen.

Erinnert wurde ich an diese Überlegungen durch die letzten Verse des Johannes-Prologes, der uns heute noch einmal als Evangelium verkündet wurde. Dort sagt der Evangelist zunächst einmal mit aller Nüchternheit: *„Niemand hat Gott je gesehen."* (Joh 1,18a) Sicherlich: Es hat sogenannte Gottesvisionen von Propheten im Alten Bund und auch

---

[17] Ebd.

von Mystikern in der Kirchengeschichte gegeben, die eine innere Schau gehabt haben und ein für Außenstehende zumeist sehr schwierig nachvollziehendes Bild beschrieben haben, aber dabei handelt es sich zweifelsfrei nur um Momentaufnahmen und um gnadenhafte Augenblicke, in denen ein kurzer Ausschnitt aus dem unendlichen Wesen Gottes für die betreffende Person sichtbar wurde. Niemals darf dies aber mit der Fülle der Gottheit verwechselt werden. Gott ist für uns Menschen nicht fassbar: Er ist unendlich, wir dagegen sind endliche Geschöpfe, die ihn immer nur in Ansätzen aufnehmen und damit nur bedingt verstehen können.

Die Begreiflichkeit Gottes in Jesus Christus
So ist die eine Seite Gottes seine Unendlichkeit und seine Unbegreiflichkeit. Und trotzdem: An Weihnachten und auch in der Botschaft des Johannes-Prologes wird Gott aus dieser Unbegreiflichkeit herausgeholt, oder besser: Er begibt sich selbst aus seiner unendlichen Größe heraus und macht sich im wahrsten Sinne des Wortes begreifbar. Der Vers 18 des Prologes lautet nämlich vollständig: *„Niemand hat Gott je gesehen. Der Einzige, der Gott ist und am Herzen des Vaters ruht, er hat Kunde gebracht."*
Mit anderen Worten: Gott wird sichtbar, erfahrbar und nahbar in dem, „der Kunde bringt"; gemeint ist der Logos oder das „göttliche Wort" oder ganz konkret: Jesus Christus. Durch Jesus wissen wir nicht nur, dass es Gott gibt, wir wissen auch, wie Gott ist. Denn Jesus und Gott sind letztlich deckungsgleich. Der Evangelist spricht es in V 18 deutlich aus: Jesus **ist** Gott und Gott können wir nur insoweit begreifen und verstehen, wie wir Jesus verstehen. Jesus Christus ist der Weg zu Gott; nur durch ihn bekommt dieser Konturen und ein Gesicht.

Ausblick

Das Anliegen der Evangelien war und ist es, das Wesen Jesu Christi als menschgewordener Gott zu verkünden. In diesen Zusammenhang wird von Jesus immer wieder als dem „Sohn Gottes" gesprochen; was dies bedeutet, können wir an dieser Stelle nicht näher erläutern. Viel wichtiger als diese theologischen Überlegungen ist dagegen für uns Christen, eine persönliche Beziehung zu Jesus Christus aufzubauen. Hier gibt es Vielzahl von Möglichkeiten wie Gebet, Meditation, inneres Zwiegespräch, Hinhorchen in der Stille u.v.a.m. Auf diese Weise treten wir mit Jesus in einen individuellen und vermutlich sehr privaten Kontakt, der durchaus intimen Charakter haben kann. Gott kommt uns auf diese Weise näher; er wird fassbarer und vor allem spürbarer. Aus dem fernen und unbegreiflichen Gott wird so womöglich ein naher Gott, den wir als einen Gott erfahren dürfen, der vor allem eines ist: Liebe. Wir erfahren, dass er uns liebt und wir können ihn lieben können. Und das ist etwas ganz Kostbares und Wertvolles.

Predigten im Jahreskreis

Taufe – Fundament des Lebens

Predigt am Fest „Taufe des Herrn"

Die Taufe als Grundsakrament

Heute geht es zunächst um die Anfänge. Das Fest Taufe des Herrn, das wir miteinander feiern, steht am Beginn des neuen Kirchenjahres: Der heutige Sonntag gilt auch als der 1. Sonntag im Jahreskreis und lässt damit den Weihnachtsfestkreis zurück.

Das Evangelium, das uns heute verkündet worden ist, berichtet von der Taufe Jesu im Jordan durch Johannes den Täufer: Dieses tiefgreifende Erlebnis steht kurz vor dem Beginn seines öffentlichen Wirkens; es ist offensichtlich eine Grunderfahrung, die Jesus braucht, um seine Mission zu beginnen.

Und am Anfang unseres Lebens stand auch die Taufe – falls wir als Kind getauft worden sind und unsere Eltern für uns diese Entscheidung getroffen haben, die es später dann natürlich einzuholen und zu bestätigen galt.

Von den Sakramenten der Kirche ist die Taufe das Grundsakrament, auf der alle weiteren Sakramente aufbauen. Durch die Taufe wird der (junge) Mensch in die Kirche aufgenommen und ihm wird zugesagt, dass er von Gott gewollt und bedingungslos angenommen ist. Dieses Versprechen wird in der Taufliturgie durch verschiedene Symbole deutlich gemacht: Die Salbung mit dem Katechumenenöl ist ein Hinweis auf die göttliche Kräftigung und Stärkung, die der Täufling von Gott erhält und die er für den „Kampf des Lebens" benötigt. Durch die Salbung mit dem Chrisamöl wird ihm eine menschliche und göttliche Würde zugesprochen, die deutlich macht, dass er ein Kind Gottes ist. Wenn dem Täufling das weiße Taufkleid übergelegt oder auch angezogen wird, so meint dies, dass er durch die Taufe Christus selbst als Gewand angelegt hat, wie Paulus es in seinem Galaterbrief formuliert hat[18]. Das Entzünden der Taufkerze vom Licht der Osterkerze weist auf das innere Licht hin, das nun leuchten kann, und die Taufe mit Wasser bedeutet das Eingehen und Verbundenwerden mit Jesu Tod und Auferstehung, also die Teilhabe an seinem Weg, der durch den Tod hindurch zum Leben führt.

Dies alles ist zunächst einmal eine ganz ernstgemeinte Zusage Gottes, die von der Kirche durch die erwähnten Symbole nahegebracht wird. Im weiteren Lebensverlauf müssen sich die Taufe und die damit begonnene Christusbeziehung aber immer mehr entfalten und vertiefen, was dann im Empfang weiterer Sakramente seinen sichtbaren Ausdruck finden kann und darf.

Das Fundament

Die Taufperikope steht allerdings nicht umsonst am Beginn des öffentlichen Wirkens Jesu. Sie macht deutlich, dass Jesus von Anfang an mit dem himmlischen Vater verbunden war. In der Taufe erfährt Jesus, dass der Himmel sich öffnet und ihm „von oben" die Zusage gegeben wird: *„Du bist mein geliebter Sohn; an dir habe ich Gefallen gefunden."* (Mk 1,11)

Wir könnten dieses Wort vielleicht auch wie folgt übersetzen: „Ich schenke dir meine Liebe!" Jesus macht als Mensch die psychologisch ganz wesentliche Erfahrung, dass er von Gott angenommen und geliebt ist. Und auf diesem Hintergrund kann er seinen Weg beginnen und gehen: Er kann das Evangelium als eine Frohe Botschaft von der Liebe Gottes, den er Vater nennt, verkünden, er kann sich den Menschen am

---

[18] Vgl. Gal 3,27.

Rand der Gesellschaft zuwenden und viele Kranke heilen und – was womöglich die entscheidende Frucht dieser Erfahrung des Geliebt- und Getragenwerdens ist – er ist am Ende seines kurzen, aber bewussten Lebens in der Lage seine Passion zu erleiden und am Kreuz zu sterben. Beim Ringen im Garten Gethsemane erfährt er noch einmal eine Bestätigung seiner Annahme durch Gott.

Wenn nun die Taufe am Beginn unseres Lebens oder auch unseres bewussten Glaubens steht, so heißt das auch, dass wir von Gott – wie Jesus – als seine geliebten Söhne und Töchter angenommen sind und auf diesem Hintergrund unseren individuellen Lebens- und Glaubensweg gehen können, der sicherlich im konkreten Verlauf anders aussieht als der Weg Jesu, aber dennoch in seiner Grundstruktur Parallelen aufweist.

In den Exerzitien des Ignatius von Loyola ist die erste Phase die Fundamentphase: In ihr geht es darum, sich der Liebe Gottes ganz bewusst zu werden und diese in sich aufzunehmen. Von daher werden dem Exerzitianten bzw. der Exerzitantin Schrifttexte zur Betrachtung und zum Gebet gegeben, in denen die Annahme durch Gott und die Zusage seiner Liebe im Mittelpunkt stehen. Die Perikope von der Taufe Jesu gehört zweifelsohne auch dazu: Dabei kann sich der Betrachter oder die Betrachterin mit Jesus bei der Taufe identifizieren und selber nachspüren, wenn ihm oder ihr gesagt wird: „Du bist mein geliebter Sohn" bzw. „Du bist meine geliebte Tochter."

Diese Liebe Gottes bewusst wahrzunehmen und auch in sich zu fühlen ist die Voraussetzung dafür, um später mögliche Krisen aushalten zu können – sowohl in den Exerzitien als auch im Lebensalltag.

Die Entfaltung der Taufe

Die Taufe wird als Sakrament zwar nur einmalig liturgisch gefeiert, aber das bedeutet nicht, dass damit schon alles geschehen ist. Taufe muss und soll sich entfalten, in den weiteren Sakramenten, vor allem aber auch in den wichtigen Stationen und Erfahrungen unseres Lebens. Von daher kennt die Hl. Schrift auch verschiedene „Taufen", die ihren je eigenen Charakter haben. Johannes der Täufer spricht von der „Geisttaufe" und davon, dass der Messias mit dem Hl. Geist taufen wird, was ein gradueller Unterschied zu seiner eigenen Wassertaufe ist[19]. Womöglich liegt in dieser Aussage bereits eine Ahnung von dem Pfingstereignis, das ja erst nach Jesu Tod und Auferstehung möglich ist und das zu einem tieferen Verstehen in das Geheimnis Gottes hineinführt.

Im Matthäusevangelium spricht Johannes davon, dass der Kommende *„mit Hl. Geist und mit Feuer taufen*[20]*"* wird und Jesus selbst weist später auf seine ganz besondere Taufe hin, die an ihm vollzogen werden muss[21] und die er auch seinen Aposteln Johannes und Jakobus in einem klärenden Gespräch als Möglichkeit vor Augen stellt[22]. Diese „Feuertaufe" spielt zweifelsohne auf das Kreuz Jesu an und bedeutet damit auch einen inneren Reinigungsprozess, der zu einer Umwandlung und Verwandlung zum neuen Leben führt. Konkret geht es um das Durchleiden und Erfahren von Kreuz und Tod und das Hinübergehen zur Auferstehung.

Im weiteren Verlauf des Kirchenjahres werden wir noch diesen besonderen Formen der Taufe begegnen; heute ist durch die

---

[19] Vgl. Mk 1,8.
[20] Mt 3,11.
[21] Vgl. Lk 12,50.
[22] Vgl. Mk 10,38.

Betrachtung der Taufe Jesu im Jordan die Grundlage geschaffen worden, damit diese anderen „Tauferfahrungen" möglich werden – im Leben Jesu und auch bei uns.

Berufung und geistliche Begleitung
Predigt am 2. Sonntag im Jahreskreis

Anfänge

Wir stehen am Anfang des Kirchenjahres. Am letzten Sonntag haben wir das Fest „Taufe des Herrn" gefeiert und an diesem Tag an die Taufe Jesu im Jordan und auch an unsere eigene Taufe gedacht. Heute gehen wir einen Schritt weiter und blicken vor allem auf die Anfänge des Nachfolgeweges und damit auf das Thema der Berufung.

Durch die beiden Schriftlesungen werden wir in diese konkreten Anfänge des Weges mit Gott hineingeführt: In der alttestamentlichen Lesung aus dem ersten Buch Samuel wird uns von der Berufung des jungen Samuel berichtet, der im Tempel die Stimme Gottes hört[23], das Evangelium erzählt von der Berufung der ersten Jünger Jesu[24]. Es sind Geschichten über den Start in ein Leben <u>mit</u> Gott bzw. <u>mit</u> Jesus; es handelt sich aber auch um Erzählungen über den Start in ein Leben <u>für</u> Gott bzw. Jesus. Dieser Anfang verändert das Leben der betreffenden Personen und gibt diesem eine neue Weichenstellung.

So dürfen wir uns heute auch an unsere eigene Berufung erinnern. Damit meine ich nicht unbedingt eine spezielle Berufung für einen geistlichen Weg oder einen kirchlichen Beruf, sondern es geht zunächst

---

[23] Vgl. 1 Sam 3,3b-10.
[24] Vgl. Joh 1,35-42.

einmal ganz einfach um unsere Berufung zum Christsein. Auf diesem Hintergrund können wir uns fragen: Wie und wann hat eigentlich mein Weg mit Gott bzw. Jesus Christus begonnen? Woran erinnere ich mich in diesem Zusammenhang? Wer und was hat damals eine Rolle gespielt? Und natürlich: Was ist bis heute daraus geworden?

Die Schrifttexte des heutigen Sonntags laden uns auf diesem Hintergrund ein, noch einmal genauer hinzuschauen und bestimmte Vorgänge im Berufungsgeschehen besser und tiefer zu verstehen.

Berufungsprozesse

Es ist Gott bzw. Jesus Christus, der die Initiative ergreift, wenn ein Mensch eine Berufung erfährt – so lehren uns die heutigen Schrifttexte. Beim jungen Samuel ist es der Herr, der ihn ruft, und zwar in Form eines Annäherns und Herantastens: Dreimal vernimmt Samuel eine Stimme, die er zunächst gar nicht zuordnen kann. Es bestehen Unklarheiten zu Beginn des Berufungsvorganges: Wer ruft den jungen Menschen eigentlich? Die Stimme Gottes ist für den einzelnen nicht so leicht aus den vielen anderen Stimmen, die uns bekannt sind und die sich regelmäßig melden, herauszuhören. So glaubt Samuel zunächst, es ist der vertraute Eli, der sich an ihn wendet. Zum Glück ist Eli ein erfahrener Priester, der in dieser Situation für den jungen Samuel die Funktion des geistlichen Begleiters übernimmt: Er nimmt wahr, was geistlich mit dem jungen Menschen geschieht. Er kann die Stimme, die Samuel – sehr wahrscheinlich in sich – vernimmt, einordnen und darin den Ruf Gottes erkennen. Aufgrund seiner eigenen Gotteserfahrung ist es ihm möglich, seinem jungen Schüler zu helfen, diese Stimme bzw. diesen Ruf einzuordnen und sich innerlich für Gott zu öffnen. Er hilft ihm, Gott und seinem Wirken in ihm Raum zu geben und sich damit auf das Berufungsgeschehen einzulassen. Was uns hier gezeigt wird, ist ein im tiefsten Sinne geistliches Geschehen: Es schildert eine spirituelle Dreiecksbeziehung zwischen Samuel, Eli und Gott, wobei Gott vor allem deshalb in Samuel wirken kann, weil Eli als „geistlicher Begleiter" in Samuel einen Raum eröffnet hat, den Gott nun mit seinem Ruf ausfüllen kann.

Auch im Evangelium, das von der Berufung der ersten Jünger spricht, werden das Wesen und die Funktion eines geistlichen Begleiters aufgezeigt. Diese Rolle übernimmt hier Johannes der Täufer. Auffällig ist, dass die Personen, um die es geht, zunächst „seine Jünger" sind, d.h. dass sie zunächst bei ihm (Johannes) in die Schule gegangen sind: Sie dürften von ihm gelernt, mit ihm Gespräche geführt, seine Worte und Gedanken gehört und sich mit diesen auseinandergesetzt haben. Sehr wahrscheinlich sind sie auch von ihm getauft worden. Diese Zeit war für sie zweifellos eine Zeit des inneren Wachstums und ein inneres Reifungsgeschehen. Und jetzt auf einmal ist die Zeit reif für den nächsten Schritt: Jesus tritt in ihr Leben und Johannes macht sie auf ihn aufmerksam: *„Seht das Lamm Gottes!"* (Joh 1,36) So ist es zwar die wesentliche Aufgabe eines geistlichen Begleiters, das Leben der Begleiteten im Blick zu haben, aber gleichzeitig gilt es für ihn auch darauf zu achten, dass Jesus Christus zum wesentlichen Zentrum ihres Lebens wird. Für die beiden Jünger beginnt damit eine neue Zeit, in der der Täufer als bisheriger Wegbegleiter an Bedeutung verliert und Jesus selbst die Rolle des Begleiters und Lehrers einnimmt. Er wird zum Dreh- und Angelpunkt ihres Lebens, was sich zunächst einmal darin äußert, dass sie ihn näher kennenlernen möchte. Es kommt zu einem kurzen Dialog mit den neuen Wegbegleiter und zu der Frage: *„Wo wohnst du?"* (Joh 1,38), die wesentlich mehr bedeutet als nur eine Erkundigung nach seiner Unterkunft. Es ist vielmehr der Wunsch, sein Wesen und seine Person besser und tiefer zu verstehen. Jesus antwortet darauf: *„Kommt* *und seht!"* (Joh 1,39) Mit dieser Einladung gibt er ihnen die Gelegenheit, sich in Ruhe ein Urteil über ihn zu bilden: Die Jünger dürfen ihn erleben, beobachten, mit ihm ins Gespräch kommen – das alles wird ihnen helfen ihre Entscheidung zu treffen. Das Evangelium spricht davon, dass sie bis zur 10. Stunde blieben, dann herrscht offensichtlich Klarheit. Andreas sagt seinem Bruder Simon: *"Wir haben den Messias gefunden."* (Joh 1,41) Andreas und sein Freund sind durch die erlebte Gegenwart Jesu zu dieser Erkenntnis gekommen und damit war der Boden bereitet für die konkrete Nachfolge, in die Andreas seinen Bruder mit hineinnimmt: Beide beginnen nun ihren engeren Weg mit Jesus, denn auch in Simon ist die Sehnsucht nach Jesus geweckt. Sein Bruder eröffnet in ihm den Raum und schon wenig später kann Jesus in ihm wirken, was zunächst einmal durch den neuen Namen geschieht, den er von ihm erhält: Kephas, Petrus, der Fels ist wohl eine Verheißung und die Beschreibung eines inneren Glaubenszustandes, den Jesus zwar jetzt schon in ihm sieht, der sich aber in den kommenden Jahren noch entwickeln und verfestigen muss.

Geistliche Begleitung

An diesen biblischen Beispielen sehen wir, dass Berufungsprozesse zunächst einmal innere Suchvorgänge im Menschen sind, die Gott selbst im Menschen in Bewegung setzt. Sie stehen immer am Anfang eines Glaubensweges, tauchen aber auch zwischendurch immer wieder auf. Der Ruf in die Nachfolge, wie immer diese auch konkret aussehen mag, wird von Gott immer wieder erneuert, verstärkt und vertieft. Neben dem Anfangsimpuls, der zumeist ein Weckruf ist, gibt es immer wieder stärkende und richtungsweisende Rufe, die Gott zwischendurch im Leben eines Menschen setzt. In beiden Fällen ist es gut und hilfreich, wenn erfahrene Menschen da sind, die die inneren Bewegungen deuten und dem Begleiteten aufzeigen können, welcher Weg sich aus Gottes Sicht jetzt nahelegen könnte. Der Begleiter bleibt aber ein Außenstehender; gehen muss der Begleitete den Weg selbst.

Vielleicht macht es Sinn, wenn wir heute nach diesen Überlegungen uns einmal Zeit nehmen nachzuspüren, wie unser Weg mit Gott oder Jesus verlaufen ist, wer unsere Begleiter auf diesem Weg waren und welche Impulse sie für unseren Glauben gesetzt haben.

Jesus nachfolgen
Predigt zum 3. Sonntag im Jahreskreis

Jesu Botschaft

Das Evangelium des heutigen Sonntags beginnt mit einer gar nicht so frohen Botschaft. Dort stehen die Worte: *„Nachdem man Johannes ins Gefängnis geworfen hatte, ..."* (Mk 1,14)

Dies ist eine bittere Erfahrung für den Täufer, dessen Leben zu Ende geht und wenig später durch die Enthauptung auf Veranlassung des Königs Herodes abrupt ausgelöscht wurde; es ist sicherlich auch eine schlimme Nachricht für seine Anhänger, die ihr Vorbild und ihren Lehrer verlieren. Der Evangelist macht uns mit dieser Notiz klar, dass auf der einen Seite das Wirken des Täufers abgeschlossen ist, gleichzeitig aber der Raum für das Wirken Jesu eröffnet wird. Dabei knüpft seine Botschaft dabei unmittelbar an die des Buß- und Umkehrpredigers an. Seine ersten Worte an die Öffentlichkeit sind: *„Die Zeit ist erfüllt, das Reich Gottes ist nahe. Kehrt um und glaubt an das Evangelium!"* (Mk 1,15)

Jesus greift die Formulierungen seines Vorläufers auf, setzt diese aber in einen neuen Bezug: Die Nähe des Reiches Gottes ist da und dieses will erfasst werden im Glauben an das Evangelium; d.h. die Menschen dürfen darauf vertrauen, dass Gott jetzt in einer besonderen Weise eingreift und wirkt. In seiner kurzen Eröffnungsbotschaft sagt Jesus, dass Gottes Wille – und damit auch sein wahres Wesen – den Menschen bekannt gemacht werden und sich auch durchsetzen soll. Und diese Umsetzung soll und wird durch Jesu Auftreten in einer dreifachen Hinsicht geschehen:

1. Im Wort: Jesus tritt immer wieder öffentlich auf und verkündet die Botschaft von Gott und seinem Reich in verschiedenen Predigten und Ansprachen an den unterschiedlichsten Orten und Stätten, sodass alle Menschen seiner Zeit die Möglichkeit haben, ihn zu hören und sich ein Urteil über seine Lehre zu bilden.

2. In der Zuwendung zu den Menschen am Rand der Gesellschaft: Dabei geht Jesus in einer besonderen Weise auf die Kranken, die Ausgestoßenen und die „Sünder" zu und lässt sie wissen, dass Gott sie nicht vergessen hat, sondern ihre Not sieht und ihnen neue Lebensmöglichkeiten eröffnen möchte.

3. In der konkreten Heilung von Menschen: Immer wieder berichten die Evangelisten davon, dass Jesus nicht nur verkündet und spricht, sondern dass diese verbalen Zuwendungen auch in ganz konkrete Heilungserfahrungen münden, wo Kranke spüren und erfahren, dass ihnen ihr Gebrechen genommen wird und sie in der Tiefe ihrer Seele Befreiung von den Fesseln ihres Leidens erfahren. Nicht selten löst dies tiefe Dankbarkeit und die Bereitschaft zur Nachfolge aus.

So kündigt der erste Abschnitt des Evangeliums[25] den Anbruch einer neuen Zeit an, in der Menschen erfahren dürfen, was Nähe von Gottes Reich in dieser Welt bedeutet.

Jesu Jüngerkreise

Im zweiten Teil des Evangeliums[26] geht es dann um die Berufung der ersten Jünger und damit auch um die Frage, wie sich die Botschaft vom Reich Gottes weiter ausbreiten und immer mehr Menschen erreichen kann. Jesus beruft zunächst zwei Brüderpaare, Andreas und Simon sowie Jakobus und Johannes, und eröffnet damit eine „Sammlungsbewegung", die theologisch durchaus als der Beginn von Kirche bezeichnet werden kann. Menschen, die Jesus erleben, nehmen sein Lehre und sein Gottes- und auch Menschenbild in sich auf und bemühen sich, dies in ihrem Leben lebendig werden zu lassen und weiterzugeben.

Neben den erwähnten Brüderpaaren wird Jesus weitere Jünger bzw. Apostel berufen, die zum engeren Kreis um ihn herum gehören. Sie gehen bei ihm in die Schule, lernen von ihm und haben in einer besonderen Weise an seinem Schicksal teil. Später werden die meisten von ihnen auch sein Schicksal teilen, d.h. sie werden für ihre Überzeugung vom Reich Gottes sterben und den Märtyrertod erleiden. In den Abschiedsreden des Johannesevangeliums spricht Jesus am Ende seines Lebens von ihnen nicht mehr nur als Jünger, sondern nennt sie Freunde. Damit zeigt er auf, dass eine neue Beziehung zwischen ihnen gewachsen ist, die über das reine Lehrer-Schüler-Verhältnis hinausgeht. Freunde sind Menschen, die einander alles Wichtige mitteilen und wo ein

---

[25] Vgl. Mk 1,14f.
[26] Vgl. Mk 1,16-20.

ganz besonderes Vertrauensverhältnis herrscht. Ein solches ist in den drei Jahren Weggemeinschaft in diesem Kreis gewachsen.

Neben diesem engen „Freundeskreis" entsteht auch noch ein größerer, erweiterter Kreis, zu dem auch viele Frauen gehören, u.a. auch Maria Magdalena, die zu Jesus ein sehr inniges und liebevolles Verhältnis entwickelt. Zu diesem weiteren Umfeld Jesu dürfen sicherlich auch Josef von Arimathäa gezählt werden, der später sein Felsengrab zur Verfügung stellt, und auch der Pharisäer Nikodemus, der von Jesus zwar angetan ist, ihn aber nur heimlich bei Nacht aufsucht, vermutlich, weil er Repressalien zu fürchten hat und den endgültigen Sprung in die radikale Nachfolge mit allen Konsequenzen noch nicht schafft. Neben diesen hat es sicherlich noch viele andere unbenannte Jünger und Anhänger Jesu gegeben, die in einer unterschiedlichen Nähe und Distanz zu ihm standen.

Dies mag uns auch zu der Frage führen, wo wir uns selber einordnen und wie wir unsere eigene Nähe bzw. Distanz zu Jesus sehen: Könnten wir den „Schulterschluss" wagen und würden wir uns ganz in seiner Nähe wohlfühlen oder brauchen wir doch noch etwas mehr Abstand, wenn Jesus uns mit seiner Liebe und Klarheit sehr nahe kommt?

Nachfolge Jesu

Jesus beruft im Markusevangelium die ersten Jünger direkt von ihrem Arbeitsplatz als Fischer am See Genezareth weg. Offenbar trifft er auf junge Männer, die sehr begeisterungsfähig sind und ihm einiges zutrauen. Auffallend sind die Vokabeln „sofort" und „sogleich": *„Sogleich ließen sie ihre Netze liegen und folgten ihm."* (Mk 1,18) heißt es bei der Berufung der Brüder Simon und Andreas. Und kurz darauf ist es Jesus, der „sofort" ruft und damit eine unmittelbare Bereitschaft zur Nachfolge auslöst.

Dies deutet darauf hin, dass die Gerufenen nicht lange zu überlegen brauchten: Kein kritisches Abwägen war erforderlich, auch keine Angst und Unsicherheit machte sich breit, sondern sie befanden sich in einem inneren Zustand, der schnelles und entschlossenes Handeln möglich machte. Sie konnten ihr „Ja" aus einem guten Bauchgefühl heraus geben, ohne wissen zu müssen, was noch kommt. Hätten sie es gewusst oder möglicherweise auch nur geahnt, wäre ihnen dieser spontane Schritt wohl kaum möglich gewesen. Sie hatten das Vertrauen, dass der Weg zu und mit Jesus richtig war – und das war ausreichend.

So kann es auch in unserem Leben Situationen geben, in denen es erforderlich abzuwägen und gründlich zu prüfen, in Bezug auf die Entscheidung für Jesus aber mag es aber richtiger sein, spontan und gradlinig zu handeln. Vieles ergibt sich dann später auf dem Weg und muss u. U. noch eingeholt werden.

Hier geht es zunächst einmal um die Anfänge. Berufung – und als Konsequenz daraus Nachfolge – bedeuten, dass im Leben und im Glauben etwas Neues aufbricht und sich dadurch Prioritäten verschieben. Bei den Jüngern zeigte sich dies darin, dass sie ihren bisherigen Arbeitsplatz, ihre Familie und Kollegen zurückließen und sich neu orientierten. Alte Bindungen und Verpflichtungen traten in den Hintergrund und eine neue Freiheit für Jesus entstand. Sie waren bereit, alte Wurzeln auszureißen und sich auf einen neuen Weg zu machen, der ihnen mehr Leben und Sinnerfüllung zu versprechen schien.

Auf diesem Hintergrund könnten auch wir uns als Hörer der heutigen Frohen Botschaft fragen, ob und wo es solche Punkte auch in unserem Leben gegeben hat: Wo habe ich gespürt, dass es gut für mich war, Altes (alte Vorstellungen, alte Lebensentwürfe) loszulassen und frei zu werden für etwas Neues, zu dem Jesus mich ruft – wie immer dieses Neue auch ausgesehen haben mag?

Dämonische Kräfte und die Kraft Jesu
Predigt am 4. Sonntag im Jahreskreis

Auschwitz

In unserem Leben gibt es Licht und Schatten; wir erleben in unserem Leben – so scheint es zumindest – Gutes und Böses.

In der zurückliegenden Woche hat sich am 27. Januar zum 70. Mal die Befreiung des Konzentrationslagers Auschwitz durch die Rote Armee gejährt. Mit diesem Datum begegnen wir dem zweifelsohne dunkelsten Kapitel der deutschen Geschichte, nämlich dem Massenmord von Millionen von Menschen durch die nationalsozialistische Diktatur. Ein solches menschenverachtendes Phänomen sucht seinesgleichen in unserer Geschichte.

Der besagte Jahrestag der Befreiung ist 1996 auf Initiative des damaligen Bundespräsidenten Roman Herzog zum offiziellen Gedenktag für die Opfer des Nationalsozialismus erklärt worden und die Vereinten Nationen erhoben ihn im Jahr 2005 zum Internationalen Tag des Gedenkens an die Opfer des Holocausts. Dabei ist der 27. Januar kein Feiertag im üblichen Sinn, etwa in dem Sinne, dass er arbeitsfrei wäre oder in irgendeiner Form kirchlichen Charakter bekommen hätte. Er ist vielmehr ein „DenkTag", an dem es um das Gedenken und das Nachdenken über die Vergangenheit geht, aus dem eine Orientierung für die Zukunft erwachsen soll[27].

Auschwitz und der Nationalsozialismus haben unvorstellbares Leid über Millionen von Menschen gebracht. Sie haben gezeigt, welche furchtbaren Möglichkeiten im Menschen vorhanden sind, wenn dieser sich für die dämonischen Kräfte öffnet und diesen freien Lauf lässt.

---

[27] Vgl. http://www.lpb-bw.de/auschwitz.html.

„Auschwitz" ist deshalb auch ein Synonym für die Hölle geworden: eine Hölle, die keineswegs von Gott, sondern einzig von den Menschen selbst gemacht wurde. „Auschwitz" ist ein Sinnbild für die Hölle, das zeigt, was an eigentlich Unvorstellbarem geschehen kann, wenn der Mensch Gott aus dem Blick verliert und sich selbst zum Gott hochstilisiert.

Aus diesem Grund ist das Erinnern wichtig. Die ehemalige Bundestagspräsidentin Rita Süßmuth hat dazu in einer Ansprache gesagt:

„Erinnern tut weh. Es löst Entsetzen aus und lässt uns verstummen und aufschreien zugleich. Sich den bedrückendsten Wahrheiten unserer Geschichte zu stellen, ist unverzichtbar. Dazu verpflichten uns die Opfer, ihre Angehörigen und Nachkommen. Aber es ist auch für uns selbst notwendig, damit wir den unauflöslichen Zusammenhang von Erinnerungs- und Zukunftsfähigkeit begreifen. Wir wissen aber auch um die erneuten Gefahren von Nationalismus, Antisemitismus, Rassenhass und Fundamentalismus bei uns in Deutschland und anderswo - Tag für Tag. Und wir wissen, wie sehr politische Wachsamkeit gefordert ist. Es ist unsere Pflicht, über den Holocaust aufzuklären, um eine Wiederholung dieser grauenhaften Geschehnisse zu verhindern...[28]*"*

Dämonische Kräfte heute

Auch wenn neonationalsozialistische Tendenzen und rechtsextreme Bewegungen in Deutschland auch nach dem Ende des zweiten Weltkrieges immer wieder aufkeimen und z.T. auch schlimmen Schaden anrichten – zu einer Rückkehr in vergangene Zeiten hat es bislang nicht gereicht.

---

[28] Ebd.

Allerdings gibt es derzeit andere Orte und Gegenden auf unserer Erde, wo sich die dämonischen Kräfte austoben können. Das staatliche Chaos, das in Ländern wie Syrien, dem Irak, Afghanistan und anderswo herrscht, hat den Nährboden für den neuzeitlichen Terrorismus bereitet, der inzwischen auch in Europa eingedrungen ist. Für die betroffenen Menschen bedeutet dies ebenfalls ein Erleben von Hölle, die menschliches Leben verachtet und zerstört. Dabei wird Religion, in diesem Fall der Islam, benutzt und missbraucht: Menschen legen sie einseitig aus, filtern das ihnen passende Gottesbild heraus und lassen so den dunklen, dämonischen Kräften ihren Lauf. Diesen dämonischen Charakter, den Religion auf diese Weise bekommt, gilt es zu korrigieren und zu heilen: Wir Menschen, die wir uns als aufgeklärt verstehen, haben dazu unseren Beitrag zu lassen; gleichzeitig müssen wir aber auch darauf vertrauen, dass Gott auch heute noch in der Welt wirkt, wenn vielleicht auch manchmal anders, als wir uns das vorstellen und wünschen.

Die Kraft Jesu

Das Evangelium heute berichtet von der Heilung Jesu eines Besessenen, eines Mannes, der von einem „unreinen Geist" gefangen gehalten wird. Geschildert wird der Kampf Jesu mit den widergöttlichen Mächten, die den Menschen fesseln, unfrei machen, besetzen. Der Evangelist lässt keinen Zweifel daran, dass Jesus den Kampf gewinnt: Es geht darum, dass eine neue Lehre mit vollmacht verkündet wird, die nicht beim reinen Wort stehenbleibt, sondern der auch Taten folgen und damit die göttliche Autorität Jesu unterstreichen.

Der Dämon muss letztlich weichen, weil die göttliche Kraft Jesu stärker ist und sich schließlich durchsetzt. Aber es findet zuvor eine lautstarke und schmerzvolle Auseinandersetzung statt: Der Mann wird hin- und hergezerrt und der Dämon gibt ihn erst nach einer Weile des spürbar harten Kampfes frei[29].

So führt uns das Evangelium in eine Spannung hinein: die dunkle Seite mit ihren dämonischen Kräften einerseits, die lichtvolle Seite mit der göttlichen Vollmacht Jesu andererseits. Inmitten dieser Pole steht der Mensch – als jemand, der sich beiden Seiten öffnen kann, und als jemand, der das Wirken der Kräfte wahrzunehmen und zu spüren vermag. Am Ende, und das ist in der Tat die Frohe Botschaft, setzt sich das Licht und die göttliche Kraft Jesu durch, allerdings erst nach einem schmerzvollen Ringen und Kämpfen.

Für uns heute stellt sich angesichts dieses Szenarios die Frage, welcher Seite öffnen wir uns und welchen Kräften geben wir in uns Raum.

Der Alltag Jesu – mein Alltag mit Jesus
Predigt am 5. Sonntag im Jahreskreis

Jesu Alltagserfahrung

Das heutige Evangelium[30] zeigt uns einen Ausschnitt aus dem Lebensalltag Jesu: Die Ereignisse eines Tages werden gerafft geschildert und darüber hinaus noch ein Ausblick auf den kommenden Tag und die nächste Zeit gegeben.

Eigentlich gehört das Evangelium des vergangenen Sonntags, wo über die Heilung eines Besessenen berichtet wird, noch zu diesem „Arbeitstag" Jesu, denn nach der literarischen Komposition der Texte knüpft die heutige Szene direkt an die Ereignisse von der Heilung in der

---

[29] Vgl. Mk 1,21-28.
[30] Vgl. Mk 1,29-39.

Synagoge an: *„Sie verließen die Synagoge ..."* (Mk 1,29). Mit diesen Worten beginnt nach der Einheitsübersetzung unsere heutige Frohe Botschaft.

Und diese erzählt zuerst von einer Begegnung Jesu im Haus des Simon und Andreas, wo er, Jesus, die von Fieber befallene Schwiegermutter des Simon heilt und ihr die Lebenskraft zurückgibt, sodass diese wieder aufstehen und sich um die Gäste kümmern kann. Von dem anschließenden gemeinschaftlichen Zusammensein spricht der Evangelist Markus zwar nicht, aber es durchaus nachvollziehbar, dass Jesus nicht direkt nach einem solch heilenden und wohltuendem Vorgang weitergezogen ist, sondern zunächst noch im Haus seiner Freunde geblieben und die „Fürsorge" der Schwiegermutter durchaus dankbar entgegengenommen hat. Vermutlich gab es jede Menge zu erzählen und man hat noch lange zusammengesessen, miteinander gegessen und getrunken und über die für damalige Zeiten wichtigen Fragen gesprochen und diskutiert, so z.B. auch über das Reich Gottes und über Gott selbst, was ja immer ein wichtiges Thema war, wenn Jesus mit Menschen ins Gespräch kam.

Wo möglich hat diese mehr gesellige Zusammenkunft sogar bis in den späten Abend hinein gedauert, denn die nächste Szene, die Markus schildert, handelt erst nach Sonnenuntergang, als sich „die Stadt vor der Haustür versammelt hat". Vermutlich hat sich Jesu Anwesenheit inzwischen herumgesprochen und die Menschen kommen mit ihren Bedürfnissen und Anliegen zu ihm, sodass er jetzt noch einmal sehr gefordert wird und Zeit und Raum für viele Krankenheilungen und Befreiungen von Dämonen ist. Wie immer diese Taten Jesu auch konkret ausgesehen haben mögen, deutlich wird an dieser Stelle auf jeden Fall: Er tritt mit ganz vielen Menschen in eine heilsame und heilende Beziehung, sodass sein Wirken vermutlich bis spät in die Nacht gedauert hat. Ein „Arbeitstag" von 8 Stunden war ihm sicherlich nicht gegönnt.

Ebenfalls muss auch die Nacht und die mögliche Zeit zum Schlafen recht kurz gewesen sein, denn es heißt, dass er bereits „in aller Frühe" zu einer persönlichen Gebetszeit aufbrach und sich „an einen einsamen Ort" zurückzog. Jesus war offenbar Frühaufsteher, der die Kraft der frühen Morgenstunde für sich spirituell zu nutzen wusste. Er merkte, wie wichtig es ist, sich regelmäßig in die Stille zurückzuziehen und sich mit dem himmlischen Vater zu verbinden, um seinen Auftrag erfüllen zu können.

Aber diese stille Gebetszeit ist ihm – zumindest an diesem neuen Tag – nur für eine kurze Zeit der Verinnerlichung möglich. Sehr schnell wird er wieder von den Bedürfnissen der Menschen eingeholt. *„Alle suchen dich!"* (Mk 1,37) teilen ihm Simon und seine Begleiter mit. Doch Jesu Reaktion ist nicht die, dass er zurückkehrt, um dort weiterzumachen, wo er am Abend zuvor aufgehört hat: Er spürt, dass er nicht alle Wünsche und Sehnsüchte der Menschen erfüllen kann, und seien sie auch noch so verständlich und nachvollziehbar. Er muss – vermutlich schweren Herzens – auch hier Kranke zurücklassen und darauf vertrauen, dass es für sie noch einen anderen Weg gibt. Sein innerer Impuls ist weiterzuziehen und das Reich Gottes in Wort und Tat auch an anderer Stelle zu verkünden, damit diese Gute Nachricht sich weiter ausbreiten und immer mehr Menschen erreichen kann.

So gibt uns das heutige Evangelium einen Einblick in den „Arbeitsalltag" Jesu: Es schildert die Arbeit, um es vielleicht mit heutigen Worten auszudrücken, eines Seelsorgers, der seine Aufgabe darin sieht, mit Menschen in eine frohmachende und heilsame Beziehung zu treten und ihnen gleichzeitig ein neues und hoffnungsvolles Gottesverständnis nahezubringen.

Sich von Jesus heilen lassen

In unseren bisherigen Überlegungen haben wir auf Jesus und sein Wirken unter den Menschen geschaut. Allerdings ist es aber auch noch einmal angebracht, die Perspektive zu wechseln und den Blick auf die Menschen zu richten, mit denen er in Beziehung stand – und auch noch heute steht. Und möglicherweise gehöre ich selbst ja auch dazu.

Von daher darf ich mir durchaus die Frage stellen, ob ich auch einer der Menschen bin, die eine heilende Beziehung zu Jesus erfahren haben oder eine Sehnsucht nach einer solchen in sich tragen.

Im Evangelium wird gesagt: *"... er heilte viele, die an allen möglichen Krankheiten litten, und trieb viele Dämonen aus."* (Mk 1,33)

Wir befinden uns hier in einem Krankenhaus, wo ebenfalls „alle möglichen Krankheiten" behandelt werden: In dieser Klinik befinden sich Patienten mit Tumorerkrankungen unterschiedlichster Art, Patienten mit Knochenfrakturen, aber auch mit neurologischen Erkrankungen wie z.B. einem Schlaganfall oder einem Hirninfarkt. Nicht zuletzt gibt es hier auch eine große psychiatrische Abteilung, wo Menschen mit ihren Ängsten, Depressionen und erlebten Traumata zu kämpfen haben; alles Krankheiten der Seele, die die Hl. Schrift vermutlich vielfach mit dem Phänomen der Besessenheit umschreibt.

Angesichts dieser Betrachtungen könnte ich mir nun die Frage stellen: Womit komme ich zu Jesus? Was halte ich ihm hin? Welches ist die Krankheit, von der Jesus mich heilen soll?

Mit Jesus durch den Alltag gehen

Der Alltag in vielerlei Hinsicht ist heute unser Thema: Der Alltag Jesu, von dem die einzelnen Erfahrungsberichte im Evangelium erzählen, aber auch der Alltag der Menschen damals und heute und damit nicht zuletzt auch mein eigener Alltag, den ich immer wieder durchleben muss. Wenn ich mir diesen anschaue, so darf ich mir als Christ die bewusste Frage stellen: Spielt Jesus in ihm eine Rolle? Lasse ich ihn dabei sein in meinen Begegnungen, in meiner Arbeit, in meinen Herausforderungen? Stehe ich mit ihm in Kontakt und pflege ich eine spürbare und lebendige Beziehung zu ihm?

Die Menschen damals haben gemerkt, wie gut die Nähe Jesu tut: Sie wirkt heilend und befreiend. In der ignatianischen Spiritualität gibt es „das Gebet der liebenden Aufmerksamkeit": Es lädt zu einer persönlichen Rückschau auf den zu Ende gehenden Tag am Abend ein, um die Momente noch einmal bewusst zu erinnern und wahrzunehmen, in denen ich im Sinne Jesu gelebt und gehandelt habe oder auch, wo mir das nicht gelungen ist oder ich mich sogar verweigert habe. Wer einen solchen Tagesrückblick regelmäßig hält, der wird feststellen, dass die Beziehung zu Jesus wächst und er auch heute noch mit seiner heilenden und liebenden Nähe im Alltag gegenwärtig ist.

Die Heilung eines Aussätzigen – eine Annäherung in 4 Schritten
Predigt am 6. Sonntag im Jahreskreis

Hinführung

Wenn wir die Evangelienberichte der vergangenen Wochen Revue passieren lassen, dann stellen wir fest, dass wir dabei eigentlich Jesus bei seinem ganz alltäglichen Tun und Wirken begleiten. Wir ihm schauen quasi über die Schulter und beobachten ihn bei seiner Tätigkeit: bei seinen Begegnungen mit den unterschiedlichsten Menschen und bei den Heilungen, die er immer wieder vornimmt – Heilungen von

Krankheiten des Leibes und der Seele. Am vergangenen Sonntag haben wir u. a. von der Heilung der Schwiegermutter des Petrus gehört, am Sonntag davor von der Befreiung eines Besessenen. Heute hören wir von der Heilung eines Aussätzigen. Dem Verständnis dieser Erzählung wollen wir uns in vier Schritten annähern, oder besser gesagt: Wir wollen uns vier wesentliche Begriffe aus dem heutigen Evangelium[31] näher anschauen und uns auf diese Weise den Text ein wenig mehr aufschließen.

Aussatz – damals und heute
Unter der Krankheit, die in der Hl. Schrift mit Aussatz bezeichnet wird, wird heute allgemein „Lepra" verstanden. Lepra ist eine Haut- und Nervenkrankheit, die durch Bakterien übertragen wird. Im Falle einer Erkrankung kommt es zu einer Gefühllosigkeit vor allem in den Händen und in den Füßen und damit auch zu einer Schmerzunempfindlichkeit. Verletzungen, Verbrennungen und Infektionen werden demzufolge häufig zu spät bemerkt: Es kommt zu Entzündungen, die immer weiter fortschreiten und zu einem Absterben der Glieder führen können.
Es gibt nach heutigen Erkenntnissen zwei Arten von Lepra: eine nicht ansteckende Variante mit wenigen Bakterien und eine hochansteckende Form mit vielen Bakterien. Bei letzterer kommt es zur Bildung von Knoten und Beulen auf der Haut und zu Nervenschäden[32]. Der Aussätzige im Evangelium hatte offensichtlich die sichtbare und ansteckende Form. Konsequenz dieser Erkrankung war, dass er „ausgesetzt" wurde, d.h. er wurde aus der menschlichen Sozialgemeinschaft ausgeschlossen und musste außerhalb der Dörfer

---

[31] Vgl. Mk 1,40-45.
[32] Vgl. http://www.dahw.de/lepra-tuberkulose-buruli/fragen-und-antworten-zu-lepra/fragen-und-antworten-zur-lepra.

und Städte leben. Neben der körperlichen Erkrankung und dem allmählichen Verfall des Leibes bedeutete diese Art der „Quarantäne" eine immer stärker werdende Isolation und Vereinsamung, die dementsprechend auch psychische Krankheiten wie z.B. eine Depression nach sich zog.

Lepra bzw. Aussatz tauchte und taucht vor allem in Gebieten mit schlechten hygienischen Verhältnissen, Mangel- und Unterernährung sowie beengtem Wohnraum auf, was heute nach wie vor noch in vielen Entwicklungsländern gegeben ist. In einem Bericht über diese Krankheit heißt es: „Vor allem in den armen Ländern des Südens ist die Krankheit noch immer ein großes Problem. Über 70% aller Leprakranken leben in Indien, weitere Schwerpunkte sind Indonesien, Brasilien und Myanmar, das frühere Burma[33]."

Sicherlich besteht bei uns für diese Form des Aussatzes als Lepra keine Gefahr. Aber es gibt ja auch andere Formen des „Aussatzes", die nicht unmittelbar mit der körperlichen Krankheit zu tun haben, aber bei der Menschen trotzdem ausgegrenzt und isoliert werden. Aktuell haben wir dabei sicherlich auf die vielen Flüchtlinge zu achten, die bei uns – notgedrungen – eine neue Heimat suchen und in der Gefahr stehen, an den Rand gedrängt zu werden. Aber auch bei den muslimischen Mitbürgern ist es wichtig, sie nicht in einer Linie zu sehen mit den Extremisten und Terroristen, die sich den Islam so zurechtbiegen, um ihre Gewalt zu rechtfertigen. Hier sind auch Ängste geschürt worden, die undifferenziert zu gesellschaftlichen Bewegungen (Stichwort: „Pegida") geführt haben, von denen wir uns als Christen keineswegs vereinnahmen lassen dürfen. Abbau von Berührungsängsten und genaues Hinschauen tut hier not.

---

[33] Ebd.

Kniefall – Bedeutung einer Körpergeste

Ein ganz anderer Aspekt, der sich aber aus der Not des Aussätzigen und seinem sozialen Isolation und dem fehlenden menschlichen Kontakt heraus ergibt, ist die Geste des Kniefalls: Vor Jesus fällt er auf die Knie und drückt damit eine Haltung der Demut und auch der Huldigung, ähnlich wie bei einem König, vor dem man sich auch niederwirft, aus. Mit diesem Niederknien erkennt er Jesu göttliches Wesen und seine heilenden Möglichkeiten an. Es ist ein Ausdruck der Hoffnung, des Glaubens und des Vertrauens, das er dann auch ausspricht: *„Wenn du willst, kannst du machen, dass ich rein werde."* (Mk 1,40) Darin bündelt sich seine Sehnsucht, die ganz allein von Jesus alles erwartet.

In unserer Kirche, wie grundsätzlich in den katholischen Kirchen, haben wir vor unserer Sitzbank auch eine Kniebank, die uns einlädt, innerhalb des Gottesdienstes, aber auch zu anderen Zeiten niederzuknien und damit ebenfalls den Kniefall zu üben. Wie der Aussätzige in unserem Evangelium können wir so eine Haltung der Anbetung einnehmen und eine vertrauensvolle Beziehung Jesus Christus aufbauen.

Manche Menschen lassen sich auch auf ein Meditationsbänkchen nieder und verweilen so in der Stille und auf den <u>Knien</u> im Gebet.

An dieser Stelle könnten wir uns fragen, ob auch uns ein „Kniefall" vor Jesus möglich ist, wie immer er auch aussehen mag.

Reinheit – mehr als nur ein kultisches Verständnis

Der nächste Begriff, den wir uns näher anschauen wollen, ist das Wort „rein" oder „Reinheit". Er hat eine zentrale Bedeutung in der Perikope, denn er kommt insgesamt fünfmal vor. Gemeint ist sicherlich nicht nur äußeres, sondern auch inneres Reinwerden.

In einer geistlichen Schrift habe ich vor einiger Zeit einmal gelesen, dass diese Heilung auch als eine Taufe verstanden werden kann, und zwar in dem Sinne, dass der kranke Mensch – wie durch das Taufwasser – von Jesus gereinigt und damit frei von Sünden und Belastungen vor Gott dasteht. So können wir in dieser Heilung des Aussätzigen auch eine Anspielung auf den Erlösungsvorgang durch Jesu Kreuz und Auferstehung sehen: Das Krankhafte, Schuldhafte, Befleckte wird abgewaschen und damit die Trennung von Gottes Gemeinschaft aufgehoben.

Das „Abwaschen" von Schuld und damit der (geistliche und geistige) Reinigungsvorgang werden in der Hl. Schrift an verschiedenen Stellen erwähnt. So heißt es beim Psalmisten: *„Wasch meine Schuld von mir ab und mach mich rein von meiner Sünde!"* (Ps 51,4) Und in der Geheimen Offenbarung sagt der Seher Johannes über diejenigen, die die Bedrängnis überstanden haben: *„... sie haben ihre Gewänder gewaschen und im Blut des Lammes weiß gemacht."* (Offb 7,14)

Hier wäre behutsam die Frage erlaubt, ob auch wir die Bereitschaft haben, uns von Jesus „reinigen" zu lassen? Sind wir innerlich imstande, seine Erlösungstat anzunehmen?

Mitleid – Beweggrund zum Handeln

Schauen wir abschließend noch auf das Motiv, das Jesus hatte, um diesen Aussätzigen zu heilen. Im Evangelium wird es genannt, nachdem der Kranke eindringlich um Hilfe gebeten hat: Mitleid. Dabei ist hier mehr gemeint als nur ein oberflächliches Mitleiden, etwa im Sinne eines Bedauerns und dann Weitergehens. Nein, Jesus tritt mit dem Aussätzigen in eine tiefe Beziehung und ist, nachdem er dessen Not an sich herangelassen hat, innerlich erschüttert. Das griechische Wort an dieser Stelle ist „splanchnizesthai" und meint im Grunde eine tiefe innere Bewegung. Die Not des Menschen lässt ihn nicht gleichgültig, sondern sie treibt ihn an zum Handeln: Er streckt seine Hand aus und es kommt zu der heilenden und reinmachenden Berührung. Es kommt zu einem Körperkontakt, den der Ausgesetzte und Aussätzige sehr lange vermisst und nach dem er sich vermutlich stark gesehnt hat, nämlich auch körperlich spüren zu dürfen: Du bist ein Mensch mit Leib und Seele und als solcher bist du gewollt und angenommen. Durch diese körperliche Berührung überschreitet Jesus für sich selbst eine Grenze, die in der Angst vor einer möglichen Ansteckung begründet liegt, und hilft dem Kranken und dann Geheilten seinerseits Grenzen aufzulösen, die ihn von der menschlichen Gemeinschaft trennen. Die soziale Isolation wird aufgehoben – welch große Befreiung und Erleichterung.

Echtes Mitleid, so wie Jesus es in sich selbst erlebt, führt zum helfenden und heilmachenden Handeln und damit auch zu einer tiefgreifenden Veränderung: Für den, der diese Art der Begegnung und Berührung erfahren hat, beginnt ein neues Leben.

Über Jesus können wir an dieser Stelle sagen, dass er in diesem wie auch vielen anderen zwischenmenschlichen Begegnungen in der Lage ist, tiefe und echte Nähe zuzulassen, gleichzeitig aber auch dort auf Distanz gehen kann und geht, wo es erforderlich ist.

Wir selbst könnten uns fragen, wo wir Berührungen zulassen können oder wo wir vor ihnen Angst haben? Wie sieht unser Verhältnis von Nähe und Distanz aus?

Ausblick

Jesus heilt einen Aussätzigen – davon wird uns heute berichtet. Womöglich erkenne ich in diesem Aussätzigen auch mich selbst wieder mit meinen Nöten, Unreinheiten, Sehnsüchten … Vielleicht sind es aber auch nur einzelne Teile, die hin und wieder sichtbar und spürbar werden. Vielleicht kommen mir aber auch andere Mitmenschen aus meinem

Lebensumfeld in den Blick, die sich in ihrer Bedrängnis an Jesus gewandt haben oder wenden. Vielleicht werden mir auch aufgrund dieser Erzählung auch Strukturen bewusst, die einer „Heilung" bedürfen.

Wie dem auch sei – dieses Evangelium offenbart eine geistliche Tiefe, die immer wieder neu ausgelotet und in unsere Gegenwart ausgelegt werden kann.

Predigtreihe in der Fastenzeit: „Geistliche Schätze der Kirche"

(1) Der Wortgottesdienst
Predigt am 2. Fastensonntag

Der Wortgottesdienst – eine Hinführung

Die Fastenzeit, die wir mit dem Aschermittwoch begonnen haben, ist eine Zeit der Einkehr, der Erneuerung und der Vorbereitung auf Ostern. Sie ist eine Zeit der Vertiefung unseres Glaubens und dazu bietet es sich an, sich einmal ausführlich mit besonderen Gedanken und geistlichen Themen zu beschäftigen. Die Predigtreihe, die ich aus diesem Anlass anbieten möchte, trägt den Titel „Geistliche Schätze der Kirche". Sie soll uns helfen, den Blick zu weiten und den Reichtum, den die Kirche in Gebet und Gottesdienstformen besitzt, wieder neu zu entdecken und für sich fruchtbar zu machen. Heute möchte ich Sie einladen, auf den <u>Wortgottesdienst</u> zu schauen, der auch eine eigenständige Gottesdienstform ist.

Uns Christen, vor allem uns Katholiken ist in unseren Regionen hauptsächlich die hl. Messe vertraut, die ja aus zwei großen Teilen besteht: aus dem Wortgottesdienst und der Eucharistiefeier. In diesen beiden Teilen werden uns zwei verschiedene „Brotsorten" gereicht: zum einen die hl. Kommunion, das eucharistische Brot, das wir zumeist regelmäßig empfangen, dann aber auch das „Brot" der Hl. Schrift, das Wort Gottes. Wir dürfen dabei gewiss sein: In beiden „Brotsorten" ist Jesus Christus gegenwärtig, real präsent, jeweils nur in einer anderen äußeren Form.

Das 2. Vatikanische Konzil hat in verschiedenen Dokumenten die Wichtigkeit und Bedeutsamkeit des Wortgottesdienstes herausgehoben[34]. Es spricht von den zwei Tischen, dem Tisch des Wortes und dem Tisch des Mahles, worin durch die unterschiedlichen Orte auch die unterschiedlichen Charaktere der Gottesdienstteile zum Ausdruck kommen. Am Ambo wird uns das Brot des Wortes gereicht, auf dem Altar wird das eucharistische Brot mit dem Wein bereitet, das wir später in der Kommunion empfangen. Dabei ist der Wortgottesdienst keine „Vormesse", wie ihn der Volksmund in der Vergangenheit bezeichnet hat, sondern es handelt sich um den Ort, an dem Jesus Christus in seinem Wort ganz gegenwärtig ist. Von daher sind wir immer wieder eingeladen, auch den Wortgottesdienst in einer besonderen Weise zu schätzen und die Verkündigung der Hl. Schrift und ihre Auslegung bewusst zu hören und mit- und nachzuvollziehen. Der Hl. Augustinus spricht sogar von dem Wort Gottes als dem „hörbaren Sakrament", bei das Hören also in einer ganz besonderen Weise gefordert ist.

Das Wort Gottes als Brot

Wer sich mit der Hl. Schrift ernsthaft beschäftigt, der spürt sehr schnell, dass hier geistliches Brot gereicht wird. Dabei gibt es verschiedene Möglichkeiten, sich dem Wort Gottes anzunähern und es für sich aufzuschließen. Eine solche Möglichkeit ist die wissenschaftliche Beschäftigung. Dabei haben sich im Laufe der Jahre und Jahrzehnte verschiedene Richtungen herausgebildet, so z.B. die historisch-kritische Methode oder auch die tiefenpsychologische Auslegung, von denen der Kirchenkritiker Eugen Drewermann einer der bekanntesten Vertreter ist. Jedoch besteht auch die Möglichkeit, sich weniger wissenschaftlich mit der Bibel auseinanderzusetzen, sondern dieser eher durch eine geistliche und meditative Weise näherzukommen. Der Hl. Ignatius gibt in

---

[34] Vgl. LG 9; DV 1-10; AG 9,15.

seinem Exerzitienbuch entsprechende Anweisungen zur Schriftbetrachtung. Oder man kann diese mit der „lectio devina", wörtlich: der göttlichen Lesung, versuchen, eine Methode, die im Mittelalter vor allem in den Klöstern praktiziert wurde und die auch heute wiederentdeckt wird[35]. Auch das „Bibelteilen" im Rahmen von Bibelgesprächen wird als ein Zugang zu den Bibeltexten verstanden, wobei grundsätzlich Bibelkreise immer wieder die Erfahrung machen, dass die Hl. Schrift geistiges und geistliches Brot ist. Im gemeinsamen Austausch erfahren die Teilnehmer, dass Gottes Wort Impulse für das eigene Leben setzt und so zur Nahrung werden kann.

Auch in der Bibel selbst wird das Wort Gottes als Brot verstanden und erlebt. Das Volk Israel musste im Exil die Erfahrung machen, was es heißt, ohne Gottesdienst und ohne Verkündigung zu leben, und war dementsprechend dankbar und voller Freude, als es nach der Rückkehr wieder auf die 5 Bücher Mose, der Hl. Schrift der Juden zur damaligen Zeit, zurückgreifen konnte. Das Buch Nehemia berichtet davon, wie dieses feierlich wieder in die kultische Mitte gerückt und somit zum Orientierungsanker für die Israeliten wurde.

Von Jesus selbst ist im Prolog des Johannesevangeliums als dem „Wort", dem „Logos" die Rede und am Ende der „Brotrede" sagt er: *„Die Worte, die ich zu euch gesprochen habe, sind Geist und Leben."* (Joh 6,63)

Gottes ausgesprochenes Wort, letztlich Jesus selbst mitsamt seinen Worten an die Menschen sind geistiges Brot, das nährt und Leben gibt. Haben wir Hunger auf dieses Brot, im Grunde nach Gottes Wort? Wir haben hier in unserem Land die Möglichkeit und die Gelegenheit, diese Speise zu uns zu nehmen und zu verkosten, was keineswegs eine Selbstverständlichkeit ist. Uns ist eine wirkliche Alternative gegeben: Wir

---

[35] Vgl. www.bibelwerk.de/sixcms/media.php/157/ld_schritte.pdf.

können uns die Bibel zur Hand nehmen und Gottes Wort als lebendiges Brot schmecken – oder wir können sie liegenlassen und ignorieren und werden auf diese Weise nicht erfahren, wieviel Leben uns durch sie geschenkt ist.

Zur pastoralen Situation

Schauen wir abschließend noch auf die gegenwärtige pastorale Situation vor Ort. Es ist kein Geheimnis: Auch wenn in unserer Stadt und in unserer Stadtpfarrei noch ein recht umfangreiches Angebot von hl. Messen gegeben ist, so dürfte uns trotzdem klar sein, dass dieses sich vermutlich nicht andauernd so halten lassen wird. Der Rückgang der Preisterzahlen bringt zwangsläufig auch einen Rückgang der Eucharistiefeiern mit sich. In vielen Bereichen, z. B. in der Diaspora in Norddeutschland, ersetzen Wortgottesdienste (mit und ohne Kommunionausteilung) inzwischen oftmals die sonntägliche Messfeier, wenn kein Priester zur Verfügung steht. Der Diakon oder auch der Pastoralreferent gestaltet eine Wortgottesfeier, die von den Menschen durchaus angenommen wird, weil sie das Bedürfnis nach einer gottesdienstlichen Versammlung und auch Hunger nach Gottes Wort haben. Für unseren Bereich steht eine solche Entwicklung noch aus, aber es ist sicherlich nur eine Frage der Zeit, wann auch hier gravierende Einschnitte in Bezug auf die Eucharistiefeiern erfolgen müssen. Von daher stellt sich für und Christen bzw. vor allem für uns Katholiken die Frage, ob wir nicht auch das „Wort" als eine kostbare Speise annehmen und im Wortgottesdienst eine liturgische Form sehen können, in der uns „geistliches Brot" zur Sättigung unserer Seele gereicht werden kann. Von daher sollten wir dem Wortgottesdienst und der Verkündigung des Wortes Gottes einen durchaus entsprechend hoch schätzen.

(2) Das Stundengebet

Predigt am 3. Fastensonntag

Das Tagzeitengebet

In unserer Predigtreihe über die „Geistlichen Schätze der Kirche" wollen wir heute das Stundengebet oder auch Tagzeitengebet ein wenig näher betrachten. Es wird nicht nur in der römisch-katholischen Kirche gepflegt, sondern es sich findet auch eine geistliche Praxis in der orthodoxen, koptischen, evangelischen, anglikanischen und altkatholischen Kirche, natürlich mit einer je unterschiedlichen konfessionellen Ausprägung[36]. Das Anliegen ist, dem Tag mehr Struktur zu geben und die einzelnen Tagzeiten in ihrer Besonderheit betend vor Gott zu bringen.

Die Form des Stundengebetes kommt aus dem Judentum: Dort versammelte man sich dreimal am Tag zum Gebet. Aus dieser Praxis entwickelte das frühe Christentum die Vorstufe des Stundengebetes, das noch gemeindegottesdienstlichen Charakter hatte. Die Christen führten die jüdische Tradition fort, die Psalmen des Tanach, der hebräischen Bibel, zu beten und erweiterten sie schließlich um christliche Hymnen und das Vater unser. Hiermit war die Grundform des Stundengebetes geschaffen, wie die Zwölf-Apostel-Lehre und die Apostolische Überlieferung, eine Kirchenordnung aus dem frühen 3. Jahrhundert, belegen[37].

Die weitere Entwicklung ging dahin, dass das Mönchtum und die Gemeinschaften von „geweihten Jungfrauen" diese Gebetsform zu einem Schwerpunkt in ihrem Leben erwählten, ehe dann schließlich das Konzil von Trient das Stundengebet in einem Drei-Stunden-Rhythmus

---

[36] Vgl. „Stundengebet" in Wikipedia.
[37] Vgl. ebd.

einheitlich festlegte[38]. Heute sind Ordensleute und „in der Welt" tätige Geistliche, Priester und Diakone auf das Stundengebet verpflichtet. Darüber hinaus haben viele Christen diese Gebetsform auch als ihren persönlichen Gebetsschatz entdeckt und in vielen Pfarrgemeinden treffen sich Gruppen regelmäßig, um dieses Psalmengebet in Gemeinschaft zu beten. Vor allem die geprägten Zeiten wie die Advents- oder Fastenzeit bieten sich dazu an.

Die Psalmen

Wer einen Zugang zum Stundengebet haben möchte, braucht auch einen Zugang zum Psalmengebet. Von daher macht es Sinn, an dieser Stelle auch einige Gedanken zum alttestamentlichen Psalter zu formulieren. Dieser besteht aus 150 Psalmen, die ziemlich in der Mitte der Bibel zu finden sind. In ihnen bringen die verschiedenen Beter ihre unterschiedlichen Lebenssituationen vor Gott:

- Lob und Dank
- Persönliche Not und Angst, woraus zumeist ein Ruf um Hilfe und Errettung erwächst
- Tiefe Weisheitserkenntnis und damit ein Staunen über Gott und seine Werke
- Erfahrungen mit Wallfahrten, dem Heiligtum (Zion), dem Tempel als ein Gotteshaus und Haus des Gebetes, wonach der Beter eine Sehnsucht verspürt und wie es bei Jesus in der Perikope von der seiner Tempelreinigung ebenfalls anklingt[39]
- Viele weitere Erfahrungen mit dem eigenen Leben und Gott.

Von daher sind die Psalmen des Alten Testamentes nichts anderes als Ausdruck einer gelebten Gottesbeziehung und das Stundengebet mit

---

[38] Vgl. www.christliche-geschenkideen.de/stundengebet-tagzeitenliturgie/#geb_stund
[39] Vgl. Joh 2,13-16.

seinen Psalmen bedeutet nichts anderes als das Sich-Einschwingen in die Haltung des Beters, worin ich meine eigene Beziehung zu Gott und meine Sehnsucht wiederfinden kann. Ein Beispiel aus den Laudes des heutigen Tages[40] kann dies deutlich machen:

> *Wie schön ist es, dem Herrn zu danken,* *
> *deinem Namen, du Höchster, zu singen,*
> *am Morgen deine Huld zu verkünden* *
> *und in den Nächten deine Treue.*
> ...
> *Wie groß sind deine Werke, o Herr,* *
> *wie tief deine Gedanken!*
> *Ein Mensch ohne Einsicht erkannt das nicht* *
> *Ein Tor kann es nicht verstehen.*
> (Ps 92,2-3.7)

Wer diesen Psalm betet – oder besser: betend meditiert –, spürt die tiefe Dankbarkeit über die Erfahrung von Gottes Gegenwart. Gerade am Morgen nach dem Aufstehen und am Beginn des anstehenden Tagwerkes kann ein solches Bewusstwerden und Einfühlen in Gottes Nähe eine große Hilfe sein, um die Herausforderungen der kommenden Stunden besser bewältigen zu können.

Der Wert des Stundengebetes

Wer die Psalmen als eine Lebens- und Glaubenshilfe für sich entdeckt hat, wird auch das Stundengebet als eine geistige Perle zu schätzen wissen. Es kann als individuelles Gebet zur eigenen Gebetspraxis werden, indem ich die Möglichkeit habe, mich in die jeweilige Situation des Beters hineinzuversetzen, dann aber auch den eigenen Gefühlen nachzuspüren und meine Situation vor Gott zu bringen. Es kann aber

---

[40] Samstag der zweiten Fastenwoche; der Verf.

auch als Gemeinschaftsgebet erfahren werden, indem ich mich von der anwesenden Gemeinschaft tragen lasse und die „kleine Liturgie", die so entsteht, mitfeiere. Durch regelmäßiges Beten, nicht aber durch ein enggeführtes Gehorsamsverständnis, entsteht so eine Liebe zum Psalmengebet, vor allem aber eine Liebe zu Gott, der in jeder Lebenssituation ansprechbar ist.

Das Stundengebet kann und soll sogar durch weitere Gebetspraktiken ergänzt werden, um die Vielfalt der Möglichkeiten des „Sprechens mit Gott" auszuprobieren und zu nutzen. Als Gemeinschaftsgebet kann es womöglich auch in der Gemeinde als eigener Gottesdienst gefeiert werden, gerade dort, wo aufgrund rückläufiger Priesterzahlen die Gelegenheit zur Eucharistiefeier immer weniger gegeben ist.

(3) Der Rosenkranz
Predigt zum 3. Fastensonntag

Der Glaube an Jesus Christus

In unseren heutigen Lesungstexten finden wir eine starke Betonung des Glaubens an Jesus Christus. Der Epheserbrief formuliert ein deutliches Bekenntnis zur Erlösung des Menschen an Jesus Christus. So sagt er: *„Denn aus Gnade seid ihr durch den <u>Glauben</u> (an Jesus Christus, d. Vf.) gerettet, nicht aus eigener Kraft."* (Eph 2,8)

Der Glaube an die Rettung durch Jesus Christus wird auch im Evangelium, das heute einen Teil des sogenannten Nikodemus-Gespräches widergibt, ausgesprochen, wenn es dort heißt: *„Denn Gott hat seinen Sohn nicht in die Welt gesandt, damit er die Welt richtet, sondern damit die Welt gerettet wird."* (Joh 3,17)

In beiden Schrift-Zitaten wird deutlich, dass es um die Erlösung durch Jesus Christus geht und dass der persönliche Glaube daran etwas sehr Wichtiges ist. Wenn wir heute in unserer Predigtreihe auf einen weiteren „geistlichen Schatz" des Gebetes schauen, nämlich den Rosenkranz, so können wir feststellen, dass dieser zunächst mit dem apostolischen Glaubensbekenntnis beginnt, dann aber auch im Weiteren verschiedene Glaubensgeheimnisse um und von Jesus Christus durchbuchstabiert werden. In unseren nachfolgenden Überlegungen werden wir darauf noch näher eingehen.

Zum geistlichen Verständnis des Rosenkranzes
Bevor wir uns einzelnen Geheimnissen zuwenden und diese näher anschauen, ist es zunächst einmal wichtig festzuhalten, welches die Basis des Rosenkranzes ist: nämlich die Grundgebete. Das Apostolische Glaubensbekenntnis als Einstieg und Bekenntnis zu den zentralen Glaubensinhalten der Kirche haben wir bereits erwähnt; hinzukommen das Vater unser als christliches Grundgebet vor jedem Gesätz sowie das Ave Maria als Basisgebet, in das die jeweiligen Glaubensgeheimnisse eingefügt werden. Wenn wir nun aber in einem Gesätz 10 Ave Maria beten, dann geht es hier weniger um das bewusste Nachvollziehen der Gebetsworte als um das Einschwingen in einen gewissen inneren Rhythmus, der uns tiefer in die einzelnen Glaubensaussagen hineinführt – und zwar weniger auf der Verstandes-, als vielmehr auf der Gefühlsebene. Durch die ständigen Wiederholungen bekommt das Rosenkranzgebet den Charakter eines Mantras, das uns Menschen auf einer viel tieferen seelischen Ebene anspricht. Durch das ständige Rezitieren entsteht eine Art innerer Klangkörper, der in der Seele Schwingungen erzeugt und durch diese eine spirituelle Kraft entstehen lässt bzw. diese hervorlockt. Andere Bereiche außerhalb des Verstandes

werden angesprochen und aktiviert. Eine gewisse Parallele lässt sich durchaus zu dem Urlaut „Om", der aus dem Buddhismus bekannt ist, ziehen: Auch hier wird der Meditierende durch immerwährende Rezitation auf eine tiefere spirituelle Ebene geführt, die durch reines Verstandesdenken nicht möglich wäre.

Gleichzeitig erfolgt auch durch die Rezitation der einzelnen Glaubensaussagen ein tieferes Eindringen in die einzelnen Christusgeheimnisse, die durch das meditative Gebet zunächst der Seele, dann aber auch dem Verstand näher kommen können. Der Rosenkranz ermöglicht dabei einen Blick auf die Geheimnisse um seine Geburt und erschließt damit mehr das Geheimnis seiner Menschwerdung (freudenreiche Geheimnisse), er blickt auf Geheimnisse um seine schrittweise Selbstoffenbarung und betrachtet damit das Licht, das in die Welt gekommen ist (lichtreiche Geheimnisse), er sieht auf die Geheimnisse um seine Passion und lässt damit auch Jesu Kreuz und Sterben nicht außen vor (schmerzhafte Geheimnisse) und indem er die Vergöttlichung Jesu durch und nach seiner Auferstehung anschaut, führt er den Beter auch in die Geheimnisse um seine Verherrlichung ein (glorreiche Geheimnisse). Damit werden im Rosenkranz die wesentlichen Szenen aus dem Leben Jesu in ihrer Bedeutung für uns Menschen und auch für unsere Erlösung vor Augen gestellt und zur meditativen Betrachtung angeboten.

Mit dem Blick auf den Passionssonntag und die nahende Karwoche wollen wir nun die schmerzhaften Geheimnisse ein wenig näher anschauen.

Exemplarische Betrachtung der schmerzhaften Geheimnisse
Wenn wir die schmerzhaften Geheimnisse des Rosenkranzes beten, dann können wir dies unter einem doppelten Aspekt tun: zum einen ist

es uns möglich, auf das Leiden Jesu zu blicken, der <u>für uns</u> all dies auf sich genommen hat, zum anderen aber können wir darin auch Jesu Solidarität mit all den Leidenden, Gequälten und Entrechteten sehen, die in dem armen und gekreuzigten Jesus ihren Verbündeten und Fürsprecher haben. Hilfreich ist hierfür das Wort aus dem Hebräerbrief, das wir auch in einer Lesung der Karfreitagsliturgie hören: *„Wir haben ja nicht einen Hohenpriester, der nicht mitfühlen könnte mit unserer Schwäche, sondern einen, der in allem wie wir in Versuchung geführt worden ist, aber nicht gesündigt hat."* (Hebr 4,15)
Schauen wir nun auf diesem Hintergrund auf die einzelnen Geheimnisse des schmerzhaften Rosenkranzes.

Das erste Geheimnis: „…der für uns Blut geschwitzt hat"
In dieser Betrachtung nehmen wir den Menschen Jesus in seiner Todesangst wahr. Er ringt mit seiner Entscheidung im Garten Gethsemane und steht vor der alles entscheidenden Frage, ob er weglaufen oder sich der bevorstehenden Passion stellen und diese über sich ergehen lassen soll. Er bittet um Unterstützung „von oben" und erhält schließlich die Kraft, seinen Weg gehen zu können. Der Evangelist Lukas beschreibt dies dahingehend, dass ein Engel ihn stärkt[41]. – Wir können an dieser Stelle Jesus sehen, der solidarisch mit allen Menschen ist, die sich in Todesnot befinden; umkehrt können und dürfen diese Menschen in Jesus ihren Verbündeten sehen, der ihre Ängste vor dem Sterben nachempfinden kann.

Das zweite Geheimnis: „…der für uns gegeißelt worden ist"
Die Geißelung, eine besonders harte Form der Auspeitschung, bedeutet ein erstes bewusstes Erleben von Folter und Schmerz. Für Jesus ist es

---

[41] Vgl. Lk 22,43.

der Einstieg in die Phase der körperlichen Peinigung. Indem er dies aushält, verbündet er sich auf einer tieferen Ebene mit den vielen Opfern von Folter und Gewalt zu allen Zeiten: Menschen, die in totalitären Regimen, in Diktaturen, aber auch in Kriegsgebieten dieser Erde die willkürliche Gewalt an ihrem eigenen Lebe zu spüren bekommen. In Jesus haben sie jemanden, der auf ihrer Seite ist und ihren Schmerz mit- und nachfühlen kann.

Das dritte Geheimnis: „...der für uns mit Dornen gekrönt worden ist"
Neben der Geißelung ist dies eine weitere Form des bewussten Zufügens von körperlichem Schmerz, der durch das Einbohren der Dornen in die Kopfhaut verursacht worden ist. Doch neben dieser körperlichen Peinigung kommt noch die menschliche Erniedrigung und Entwürdigung hinzu, indem er verspottet und verachtet wird. *„Heil dir, König der Juden!"* (Joh 19,37) sind die Worte, mit denen die Soldaten ihn verhöhnen und menschlich erniedrigen. – Jesus erträgt auch diese Schmach und macht sich damit solidarisch mit den vielen Menschen, die Ähnliches ertragen müssen: Entwürdigung ihrer Person, indem auch sie verspottet, verlacht, gemobbt werden. Orte, wo dies auch heute immer wieder geschieht, gibt es viele: die eigene Familie, die Schule, der Arbeitsplatz, das Internet, nicht zuletzt aber auch der Krieg und die Kriegsgefangenschaft, wo Menschenwürde immer wieder mit Füßen getreten wird.

Das vierte Geheimnis: „...der für uns das schwere Kreuz getragen hat"
Das Tragen des Kreuzes ist zum Symbol geworden für all die Last, die Jesus – nicht nur in seinen letzten Stunden – ausgehalten hat, sondern die auch Menschen aufgebürdet werden und die für sie oftmals zu viel und zu schwer werden. Jesus bricht dreimal auf seinem Weg unter der

Last seines Kreuzes zusammen, was noch einmal die ganze Schwere und Brutalität seines (Kreuz-) Weges deutlich macht. Aufgrund dessen kann er die Last all der Menschen nachempfinden, die in ihrem persönlichen Alltag mit den Anforderungen ihres Lebens überfordert sind und unter diesen selbst auch zusammenbrechen bzw. dem Zusammenbruch nahe sind. Der moderne Begriff „Burnout" spiegelt sicherlich diese Realität wider. Menschen erfahren solche Überlastungen in ihrer Familie, am Arbeitsplatz, aber auch in anderen Herausforderungen, die das Leben manchmal stellt, z.B. in der Bewältigung einer Krankheit oder im Umgang mit Tod und Trauer, der nicht selten in einem langen Prozess verarbeitet werden muss.

Das fünfte Geheimnis: „…der für uns gekreuzigt worden ist"
In der Kreuzigung, die nun unausweichlich zum schmerzhaften Tod führt, geht es um das Sterben sich. Jesus ist diesem Ende nicht ausgewichen, sondern hat sich ihm gestellt, als es keinen anderen Ausweg mehr gab. Er kennt das Gefühl absoluter Erniedrigung und das Empfinden, körperlich wie seelisch „ganz unten" zu sein. Er weiß um die bittere Erfahrung, wenn die Lebenskraft immer weniger wird und er schließlich sein Leben „aushauchen" muss. Von daher ist er auch allen Sterbenden sehr nahe, unabhängig, ob sie einen friedlichen Tod sterben oder ob ihr Ende gewaltsam und schmerzvoll ist oder auch ein langes Ringen mit sich bringt. Sein Sterben war keineswegs friedvoll; von daher weiß er auch um die schwierigen und lang anhaltenden Sterbeprozesse Bescheid. Gerade Menschen in solchen Situationen am Lebensende können in Jesus einen Verbündeten sehen, der sie ihrem Kampf verstehen und womöglich auch unterstützen kann – wie immer dies dann auch im Einzelfall aussehen mag.

Der schmerzhafte Rosenkranz führt uns also in das Leiden Jesu ein. Es ist kein selbstgewähltes Leid, sondern eines, das sich aus seiner konsequenten Haltung und seinem Einsatz für das Evangelium ergab und dem er nicht auswich. Es ist aber auch ein Leiden, das uns bei einer bewussten Betrachtung näher an das Geheimnis unserer Erlösung heranführt, die wir mit unserem Verstand nicht erfassen können. Es ist eine bewusste Entscheidung Gottes bzw. auch des Menschen Jesus von Nazareth, diesen Weg zu gehen. Wir können diesen Kreuz- und Erlösungsweg zunächst nur gläubig meditieren und uns damit vielleicht auf einer tieferen Ebene annähern. Vielleicht verhilft uns diese Form des Gebetes ja, tiefer in die Liebe Jesu einzutauchen. Dazu möchte uns der (schmerzhafte) Rosenkranz verhelfen.

(4) Weitere Perlen des Gebetes
Predigt am 5. Fastensonntag

Ausdruck der Sehnsucht

In unserer Predigtreihe haben wir in den vergangenen Wochen verschiedene „geistliche Schätze" betrachtet, die die Kirche in ihrer langen Tradition hervorgebracht hat. Wir haben den Wortgottesdienst mit seiner eigenen Betonung auf das „Wort Gottes" in und aus der Heiligen Schrift neu bewusst machen können. Wir haben das Stundengebet angeschaut, das vor allem ein Psalmengebet ist und uns die vielfältigen Lebenssituationen vor Augen führt, die die jeweiligen Beter vor Gott bringen. Und wir haben den Rosenkranz als ein Christusgebet kennengelernt, das uns das Wesen und Geheimnis Jesu Christi näher bringen möchte.

Jedoch sind die äußerlichen Gottesdienst- und Gebetsformen eigentlich erste der zweite Schritt. Bevor es uns zu einem der genannten Gebete hinzieht und wir diese praktizieren, gilt es zunächst einmal die innere Sehnsucht nach Gott wahrzunehmen. Denn diese Sehnsucht will sich in uns Menschen ausbreiten und wir haben dann, wenn wir sie zulassen und ihr Raum geben, verschiedene Möglichkeiten, ihr in dieser oder jener Form einen Ausdruck zu verleihen. So wollen wir in unserer heutigen Predigt auf weitere bekannte oder auch weniger bekannte „geistliche Perlen" blicken, die wir aus der großen Schatztruhe unserer christlichen Tradition hervorholen können.

Eucharistische Anbetung

Ein Ort, wo wir immer wieder eingeladen sind still zu werden und gar nicht viele Worte machen müssen, ist der vor dem Allerheiligsten in der „Eucharistischen Anbetung". Es bedarf hier keiner großen Dialoge oder vorformulierter Gebete, sondern es hilft einfach die bewusste innere Haltung: Er schaut mich an, ich schaue ihn an. Natürlich besteht im Dasein vor der Gegenwart Jesu in Sakrament des Brotes die Möglichkeit zur inneren Zwiesprache, wenn sie sich einstellt. Es reicht aber durchaus auch aus, nur im liebenden Verweilen IHM nahe sein zu wollen und die eigene Lebenssituation IHM hinzuhalten. Eine bewusst gestaltete Gebetsform ist gar nicht vonnöten; sie stört nur und stellt sich zwischen den Beter und Christus.

Orte solchen Einübens können z.B. die „Stille Anbetung" in der Kirche bzw. in der Kapelle vor der heiligen Messe sein, wo immer diese in den Gemeinden möglich ist. Hier in der Krankenhauskapelle praktizieren wir diese Form i.d.R. an jedem ersten Samstag im Monat vor der Abendmesse. Meine Erfahrung ist aber auch die, dass sich Exerzitienkurse besonders gut eignen, wenn hier das Schweigen und der

Weg nach innen eingeübt wird. Die Teilnehmer haben dann die Möglichkeit, die Gedanken und Erfahrungen des Tages am Abend noch einmal zum Herrn zu bringen, dem sie im Sakrament begegnen. Oder auch das bloße Sitzen und Schweigen vor dem Tabernakel ohne die konkrete Aussetzung des Allerheiligsten kann eine Hilfe sein, erfreuliche, aber auch schwierige Erfahrungen vor Jesus zu bringen und von ihm anschauen zu lassen und die Erfahrung zu machen, dass er sie mitträgt. Ich beobachte immer wieder, dass Menschen – Patienten, Angehörige, aber auch Personal – in unserer Krankenhauskapelle die Plätze vor dem Tabernakel aufsuchen, um dort eine Zeitlang in der Stille zu verweilen. Vieles sieht nach einer solchen „Stillen Anbetung" vermutlich anders aus.

Andacht
Eine klassische Gottesdienstform in unserer Kirche ist die frei gestaltete Andacht, die vor allem in der Vergangenheit viele Gläubige neben den heiligen Messen in die Kirche gezogen hat. Früher traf sich die Gemeinde noch vielfach regelmäßig zur „Pfarrandacht"; heute scheint diese Gottesdienstform für die meisten nicht mehr so anziehend zu sein. Dabei bietet das neue Gotteslob durchaus viele Möglichkeiten, um gemeinschaftliche Gebete und Andachten zusammenzustellen: Lieder, Psalmen, Wechselgebete, Andachtsteile und vieles andere mehr bieten einen reichen Schatz, um in Gemeinde und Gruppen miteinander zu beten. Natürlich gibt es für eine Andacht auch die Möglichkeit, weitere passende Gebete aus anderen Vorlagen und Büchern zu wählen, die dem eigenen Anliegen entgegenkommen und eine Sprache benutzen, die die unserer Zeit ist. Trotzdem ist es noch einmal wichtig hervorzuheben, dass das gemeinsame Gebet, auch in Form einer gestalteten Andacht, Ausdruck der eigenen Sehnsucht ist und dass sich

hier Menschen zusammenfinden, die ihrer Sehnsucht in dieser Form Raum geben wollen.

Gegenständliche Meditation

Eine weitere „geistliche Perle" ist die Meditation, die ganz viele unterschiedliche Formen annehmen kann. Ähnlich wie wir es eben bei der Andacht beschrieben haben, kommen auch bei der Meditation Menschen zusammen, die eine spirituelle Sehnsucht verspüren und dieser in der Meditation nachkommen möchten. Dabei kann der Inhalt bzw. Gegenstand der Mediation ganz unterschiedlich sein: ein Text, ein Bild, eine geistliche Musik, ein Schrifttext oder Schriftwort, das sich durch das Verweilen und Betrachten immer mehr und tiefer erschließt und zur Nahrung für das eigene geistliche Leben wird. Ein solches Wort könnte aus dem heutigen Evangelium das Bild vom Weizenkorn sein, das in die Erde gelegt werden und dann sterben muss[42]. Vielleicht geht mir bei der tieferen Betrachtung oder Meditation dieses Wortes bzw. Bildes auf, was alles in meinem Leben noch sterben muss, damit wirkliches, erfülltes Leben in mir zutage treten kann.

Es ist möglich, dass ein Meditationsleiter die Teilnehmer einer Gruppe nach innen führt und jeder einzelne dann mit seinen Fragen und Impulsen in Kontakt kommt, es kann aber auch sein, dass der in der Meditation Geübte einen solchen Weg in einer persönlichen Zeit allein geht. Wie dem auch sei: Entscheidend ist, dass die Meditation, ob in einer Gruppe oder allein, dazu verhilft, über den „Gegenstand" tiefer in das eigene Seelenleben vorzustoßen und die eigenen offenen Fragen mit Hilfe von Gottes Liebe und Barmherzigkeit anzuschauen.

---

[42] Vgl. Joh 12,24.

Gestaltloses Beten – Kontemplation

In eine ähnliche Richtung führt das kontemplative Gebet, nur verzichten wir hier auf spirituelle „Hilfsmittel" wie Worte, Texte, Bilder u. ä. Dies alles lassen wir bei der Kontemplation hinter uns: Gegenstand der Betrachtung ist Jesus Christus selbst, dem wir uns im liebenden Schweigen nähern. Ähnlich wie bei der eucharistischen Anbetung geht es hier um bewusstes Dasein in der Gegenwart des „Geliebten", wobei das innere Rezitieren des Jesus-Namens ausreicht, um sich auf ihn hin auszurichten und in seiner Gegenwart zu verweilen – so gut mir dies im Augenblick möglich ist. Es geht keineswegs um das Erreichen eines spirituellen Zieles, so edel und ethisch wertvoll dies auch zu sein scheint, sondern um das Einüben der Präsenz im Angesicht Jesu. Dies ist gerade für die Neulinge und Anfänger auf diesem Weg recht schwierig, weil sie meinen, es müsste doch irgendetwas geschehen und sichtbar werden. Doch gerade diese Erwartung und möglicherweise sogar eine Bestätigung dieser Erfahrung durch eine „spirituelle Gnade" kann eine Gefahr sein, nämlich stehenzubleiben und die geistlichen Freuden zu verkosten und damit das eigentliche Ziel, Jesus Christus selbst bzw. die Vereinigung mit ihm, aus den Augen zu verlieren.

Das kontemplative Gebet kann in der Gruppe oder auch allein geübt werden, wobei das Miteinander die Gebetserfahrung noch einmal verstärken und ihr mehr Tiefe verleihen kann. Aber auch derjenige, der keine Gruppe in seinem Umfeld zur Verfügung hat, sich aber zum kontemplativen Gebet hingezogen fühlt, sollte diese Praxis durchaus für sich immer wieder üben und damit seiner eigenen Sehnsucht, die er in sich verspürt und die letztlich auf Jesus Christus ausgerichtet ist, Raum geben.

(5) Die Eucharistiefeier

Predigt am Gründonnerstag

Der Ausgangspunkt: das letzte Abendmahl

Am (heutigen) Gründonnerstag blicken wir in einer besonderen Weise auf Jesus, der mit seinen Jüngern bzw. Aposteln oder auch Freunden ein letztes Abendmahl gefeiert hat. Mahlgemeinschaften unterschiedlichster Art gehörten zum Leben Jesu hinzu: Er war oftmals als Gast eingeladen und hat vermutlich auch selbst derartige Zusammenkünfte ausgerichtet; er traf sich mit jüdischen Zeitgenossen in gehobener Stellung, aber auch mit Menschen am Rande der Gesellschaft, den „Zöllner und Sündern", was ihm nicht selten auch Kritik einbrachte.

Wir wissen es vermutlich selbst und haben es auch erfahren: Beim Essen kommt man schnell miteinander ins Gespräch. Manchmal bleibt es beim sogenannten Smalltalk, manchmal werden aber auch ernste und tiefgehende Themen angeschnitten, besprochen und diskutiert. Jesus war sicherlich ein Thema wichtig, das er vermutlich immer wieder zur Sprache gebracht hat: das Reich Gottes, das aktuell war und das in seinen unterschiedlichen Facetten von den Menschen seiner Zeit angeschaut wurde.

Das Letzte Abendmahl aber, um das es heute geht, hatte einen besonderen Charakter: Das Kreuz warf bereits seinen Schatten voraus und dementsprechend erst war wohl auch die Stimmung. Smalltalk war jetzt sicherlich nicht angesagt; es herrschte eine angespannte und möglicherweise sogar depressive Stimmung. Unterstrichen und verstärkt wurde diese Atmosphäre zum einen durch die Deuteworte Jesu über das Brot und den Kelch mit dem Wein, wenn er sagte: „Das ist mein Leib, der für euch hingegeben wird. … Das ist mein Blut, das für euch vergossen wird zur Vergebung der Sünden." Zum anderen kam noch das symbolische Handeln Jesu an seinen Jüngern in Form der Fußwaschung hinzu, wie es der Evangelist Johannes berichtet, was das Thema des Dienens und der Hingabe ebenfalls stark betonte. Von daher dürfen wir davon ausgehen, dass während dieses Mahles die emotionale Dichte und spirituelle Tiefe für die Anwesenden deutlich greifbar und erfahrbar gewesen sind. Es war spürbar: Das Leben Jesu steuerte mit diesem Abendmahl auf seinen Höhepunkt und seine grundlegende Verwandlung zu.

Die Entwicklung: die Eucharistiefeier

Aus dieser kurz skizzierten Abendmahlserfahrung sowie dem darauf folgenden Erleben der Auferstehung entwickelte sich in der nachfolgenden Zeit jene Form, die wir als Eucharistiefeier bzw. heilige Messe kennen. Die Urgemeinde feierte dieses Mahl zunächst nur am Sonntag, dem ersten Tag der Woche, dem Auferstehungstag. Man kam in den Häusern zusammen, um miteinander „das Brot zu brechen". „Brotbrechen" wurde dann auch schnell zum Inbegriff für das gemeinschaftliche Tun, für die bewusste Wiederholung des Abendmahles Jesu. Sinn war nämlich, sich an Jesu Tod und Auferstehung zu erinnern – gemäß den Worten Jesu, die uns in den Einsetzungsberichten überliefert worden sind: „Tut dies zu meinem Gedächtnis!" Wir dürfen davon ausgehen, dass Jesus an einer regelmäßigen Wiederholung dieses Abschiedsmahles durchaus gelegen war, damit das Bewusstsein für seine Erlösungstat erhalten blieb. Wichtige Voraussetzung dafür war und ist natürlich der Glaube daran, dass durch Jesu Tod am Kreuz und seine Auferstehung tatsächlich etwas geschehen ist, das für uns Menschen heilbringend geworden ist; dass eine Tür zum Himmel geöffnet wurde, die sonst – vermutlich –

verschlossen geblieben wäre. Wir berühren hiermit einen Bereich, der für uns Menschen nur schwer nachzuvollziehen ist, weil es sich um eine göttliche Tat handelt, die unser Verstand nur ansatzweise ergründen kann. Erst wer sich die Mühe macht und den Kreuzestod Jesu immer wieder meditiert und dabei regelmäßig die Eucharistie ernsthaft mitfeiert und das Gedächtnis nachvollzieht, taucht immer mehr in das Erlösungsgeheimnis ein, für das letztlich menschliche Worte nicht ausreichen, um es zu beschreiben und zu erfassen. Es geht dabei um eine innere Annäherung an die Grundhaltung und das eigentliche Wesen Jesu, jene unbeschreibliche Liebe, die uns in der Feier der Eucharistie entgegenkommt. Wir werden mit hineingenommen in einen Verwandlungsprozess, der unser Wesen immer mehr dem Wesen Jesu ähnlicher werden lassen soll. Wir spüren seine Liebe zu uns und werden so selbst zu Menschen, die aus dieser erfahrenen Liebe heraus leben – bei aller Vorläufigkeit und Begrenztheit, die immer wieder dazugehört.

Die Perspektive: offene Fragen
Jede Zeit wirft ihre eigenen Probleme und Fragen auf. Wenn wir (heute) am Gründonnerstag über das letzte Abendmahl und die Eucharistiefeier nachdenken, dann werden wir auch daran erinnert, dass viele Menschen in unserem Land keinen Zugang mehr zur Eucharistiefeier haben. Zugleich greift eine gewisse Diasporasituation immer mehr um sich, denn aufgrund des starken Priestermangels werden die Möglichkeiten zur Feier und Teilnahme an der Eucharistie immer mehr eingeschränkt. Seelsorgebereiche werden erweitert, Gemeinden zusammengelegt – die Räume, in denen Kirche und Gemeinde gelebt und die heilige Messe gefeiert werden kann, werden immer größer. In der Tat ist ein Mangel zu spüren, der vermutlich noch größer werden wird.

Eine andere Strömung ist allerdings auch zu beobachten: Dort, wo es bislang ein regelmäßiges Angebot an Eucharistiefeiern gab und jeder die Möglichkeit hatte, „seine" Messe zu besuchen, bestand auch die Gefahr, dass der Gottesdienst zur Gewohnheit wurde und der eigentliche Sinn verflacht ist. Oftmals schien und scheint der Tiefgang zu fehlen und in gewissen Situationen die Liturgie zu einem formellen Ritual zu werden, dass den Sinn des Gedenkens an Jesu Hingabe nicht mehr erkennen lässt.

Wie es in unserer Kirche weitergeht und vor allem, welche Entwicklungen im Bereich der Eucharistiefeier in Zukunft geschehen werden, bleibt abzuwarten. Vermutlich werden wir den Mangel noch stärker als bisher erleben. Vielleicht liegt aber darin auch die Chance, dass eine neue Sehnsucht in unseren Herzen erwacht, die sich nach der gemeinschaftlichen Feier des Abendmahles ausstreckt. Gelebter Glaube braucht die gemeinschaftliche Versammlung und die Ausrichtung auf Jesus Christus. Antworten, wie dies in Zukunft aussehen soll, müssen aber letztlich die Verantwortlichen in der Kirchenleitung finden, die hier und heute in einer besonderen Weise herausgefordert sind. Geistliche Kreativität, Vertrauen in die Führung Gottes und ein Sich-Einlassen auf den Heiligen Geist sind bei ihnen gefordert, aber auch bei jedem anderen Christ, der guten Willens ist und die Nähe zu Jesus Christus sucht.

(6) Der Kreuzweg
Predigt am Karfreitag

Der Kreuzweg – sein geistlicher Wert

Der Karfreitag ist der Tag, an dem wir uns in besonderer Weise an das Leiden und Sterben Jesu erinnern: Es ist der Tag seiner Passion. In der Liturgie steht der Leidensweg Jesu im Mittelpunkt, der vor allem durch Symbole und Zeichenhandlungen wie z.B. durch die Enthüllung eines Kreuzes bewusst gemacht wird. Aber auch die Reduzierung der Ausstattung des Altarraumes auf das Notwendigste, der Verzicht auf Blumenschmuck und Dekoration jedweder Art, große Räume der Stille sowie die bewusst gewählten Lesungen aus dem Alten und Neuen Testament, die das Leiden Jesu erzählen und deuten, lassen den Gottesdienstbesucher ehrfurchtsvoll das Karfreitagsgeschehen miterleben.

Vorbereitet wurde dieser Blick bereits punktuell in der Fastenzeit, indem das Gedenken an das Kreuz Jesu durch das Beten des Kreuzweges erfolgt ist. Das geistliche Nachvollziehen des Kreuzweges hat in der Kirche eine lange und gern angenommene Tradition: in den Gemeinden, bei den Jugendverbänden, an vielen Wallfahrtsorten und in (kirchlichen) Gruppen und Kreisen und auch darüber hinaus. Der Kreuzweg bietet viele Möglichkeiten der Gestaltung und Aktualisierung und kann dabei – neben dem Kreuz Jesu – auch das Kreuz vieler Menschen heute anschauen und mit ins Gebet nehmen.

Der klassische Kreuzweg besteht aus 14 bzw. 15 Stationen, wenn die Auferstehung als eine letzte und eigene Station noch mit hinzugerechnet wird. Dabei geht das Augenmerk primär auf Jesus selbst: auf seine Schmerzen und sein Leiden. Aber wir treffen dort auch auf Menschen, die mit Jesus auf dessen Passionsweg in Kontakt kommen und deren seelischer Schmerz und dessen Trauer angeschaut werden kann. Auf eben diese Menschen, die mit Jesus auf dessen Weg nach Golgatha in Berührung kommen, wollen wir im Folgenden blicken.

Begegnungen auf dem Kreuzweg – ein Einblick
(1) Maria, die Mutter Jesu (4. Station)
Die 4. Station des Kreuzweges berichtet davon, dass Jesus seiner Mutter Maria begegnet. Maria ist zu diesem Zeitpunkt eine Frau von vielleicht 47 oder 48 Jahren gewesen, sicherlich vom Leben gezeichnet. In den zurückliegenden Jahren hat sie viel mitgemacht und durchlitten; ihren Sohn hat sie zweifelsohne nicht immer verstanden. Seine Worte, sein Handeln, seine Auseinandersetzungen mit verschiedenen führenden Gruppen des damaligen Judentums waren für sie vermutlich nur schwer nachzuvollziehen. Jetzt auf diesem Weg werden ihr womöglich die Worte des alten Simeon noch einmal in besonderer Weise bewusst geworden sein, die er zu ihr vor vielen Jahren bei der Beschneidung im Tempel gesagt hat: *„Dir selbst wird ein Schwert durch die Seele dringen."* (Lk 2,35b)

Wenn wir diese Station aktualisieren wollen: Maria steht stellvertretend für alle Mütter oder auch Eltern, die ihr Kind verloren haben oder vielleicht mitansehen müssen, wie es stirbt: durch eine Krankheit, einen Unfall, in den nicht enden wollenden Grausamkeiten des Krieges, aber auch durch plötzliche Unglücksfälle, die manchmal bewusst durch Menschen herbeigeführt werden, wie die Flugzeugkatastrophe in den Alpen, bei der ein Co-Pilot Suizid beging und dabei billigend den Tod von 150 Menschen, darunter viele Schüler, in Kauf nahm.

(2) Simon von Cyrene (5. Station)

Die nächste Kreuzwegstation lässt uns daran denken, dass ein – zunächst unfreiwilliger – Helfer vom Feld geholt wird. Simon ist ein Bauer, der offenbar Feierabend hat und nach einem vermutlich harten Arbeitstag einfach nur nach Hause will. Mit Jesus hat er bislang offenbar nicht zu tun gehabt; wir wissen nicht, ob seine Botschaft oder sein Schicksal ihn interessierte. Doch da Jesu Kräfte zu schwinden beginnen und die Soldaten wünschen, dass Jesus seinen Weg zur Kreuzigung zu Ende geht, zwingen sie den Landwirt, Jesus eine kurze Wegstrecke zu begleiten und sein Kreuz mitzutragen. Auf diese Weise kommt Simon Jesus sehr nahe: Vermutlich sieht er in sein geschundenes und von Schmerzen gezeichnetes Gesicht, vielleicht hört er sein gequältes Stöhnen, eventuell wechselt er sogar ein paar Sätze mit ihm. Simon begleitet Jesus auf dessen schwerster Lebensstrecke einen gewissen Teil und ermöglicht ihm so eine zeitweilige Erleichterung. In ihm können wir heute viele Menschen wieder entdecken, die das Kreuz eines anderen mittragen und ihm womöglich auf seinem letzten Weg Begleiter sind, ohne dabei an dem grundsätzlichen Schicksal etwas ändern zu können. Viele Seelsorger, Psychologen, aber auch Ärzte sowie Angehörige und Freunde schlüpfen nicht selten in die Rolle eines Simon von Cyrene.

(3) Veronika (6. Station)

In eine ähnliche Richtung wie die des Simon von Cyrene geht das, was eine Frau mit Namen Veronika bei ihrer Begegnung mit Jesus tut: In dieser kurzen nichtbiblischen Szene wischt sie Jesus mit einem Tuch Schweiß und Blut aus dem Gesicht und verschafft ihm damit ein wenig Erleichterung, vielleicht auch nur dahingehend, dass seine Augen für einige Zeit wieder klar sehen können und seine Gesichtshaut wieder etwas mehr durchatmen kann. Damit übt sie einen kleinen, aber sehr wichtigen Dienst aus. Von daher steht Veronika auch für all die Menschen, die solche scheinbar kleinen Handgriffe tun und dabei doch Wichtiges leisten, vor allem bei Sterbenden, die auf eine solche Hilfe angewiesen sind. Dies kann ein kühles Tuch sein, das auf die Stirn gelegt wird, die Befeuchtung von Mund und Lippen mit einem nassen Wattestäbchen, oder einfach nur ein liebes Wort oder eine liebevolle Geste, die dem Sterbenden signalisiert: Du bist in deinen letzten Stunden nicht allein. – Auf diesem Hintergrund ist sehr gut nachzuvollziehen, dass die kirchliche Tradition die Person der Veronika zusätzlich „erfunden" hat.

(4) Die weinenden Frauen (8. Station)
Im Lukasevangelium heißt es: *„Es folgte eine große Menschenmenge, darunter auch Frauen, die um ihn klagten und weinten. Jesus aber wandte sich zu ihnen um und sagte: Ihr Frauen von Jerusalem, weint nicht über mich; weint über euch und eure Kinder!"* (Lk 23,27b)
Menschen klagen und weinen beim Anblick des geschundenen und gequälten Jesus. Warum? Aus Mitleid? Diese Form von Mitleid will Jesus nicht und weist sie zurück. Aus Unerträglichkeit, weil man die Nähe der Grausamkeit und Brutalität, mit der hier gegen einen Menschen vorgegangen wird, nicht aushält? Die Frauen von Jerusalem geben dem Aufschrei der Seele, die sich innerlich wehrt, eine Stimme. Sie bewahren uns vor dem Verstummen angesichts der unzähligen Einzelschicksale in ganz unterschiedlichen Kreuzeserfahrungen in der Welt – damals wie heute. Vielleicht werden durch diese Frauen auch Bilder aus unserer heutigen Zeit wachgerufen, wo Menschen, vor allem Frauen, ihrem Schmerz Ausdruck geben: Tränen, Schreie, Klagen – all

das findet auch am Rand eines Kreuzweges statt und es ist wichtig, dies nicht zu überhören und zu übersehen.

Unser Standort am Kreuzweg – ein Ausblick

So bleibt abschließend die Frage: Wo stehe ich selbst am Kreuzweg? Wo ordne ich mich ein? Gibt es eine „Figur", eine Rolle, eine Person, mit der ich mich identifiziere und in der ich mich wiederfinden kann? Oder gehöre ich womöglich zu den Jüngern, die davongelaufen sind, weil sie das Kreuz nicht aushalten konnten?

Der Karfreitag mit seinem fokussierten Blick auf das Kreuz und der Kreuzweg selbst laden zu einer Auseinandersetzung mit dem Kreuz Jesu ein; ja, sie fordern uns eigentlich auch auf, die vielfältigen Leidenswege der Menschen auch in unseren Tagen nicht zu vergessen und gerade in der Zeit der Passion Jesu nicht aus den Augen zu verlieren. Aber der Kreuzweg kann darüber hinaus auch helfen, mein eigenes Kreuz, ob schwer oder weniger schwer, besser tragen zu lernen.

Predigten zu Ostern

Auferstehung – Versuch einer Annäherung
Predigt in der Osternacht

Hinführung

Mit der Feier dieser Osternacht sind wir – liturgisch gesehen – auf dem Höhepunkt und am Ziel der Karwoche angekommen. Hinter uns liegen der Palmsonntag mit dem Einzug Jesu in Jerusalem und seiner bewussten Entscheidung, sich der Passion auszusetzen, der Gründonnerstag mit dem letzten Abendmahl, das wir als Einsetzung der Eucharistie sehen dürfen, und dem Karfreitag, dem Gedenken an Jesu Leidensweg und seinem Tod am Kreuz.

Jetzt feiern wir Ostern, das Fest der Auferstehung. Das Wort an sich ist uns wohl bekannt, aber was meint das eigentlich: „Auferstehung"? Welche Vorstellungen und Hoffnungen verbinden wir damit? Was erzählt uns die Heilige Schrift über dieses zentrale christliche Ereignis?

Drei Gedanken mögen uns helfen, uns ein wenig mehr an das Geheimnis der Auferstehung heranzutasten.

Erschrecken über die Botschaft

Das erste, was auffällt, ist zunächst einmal das Erschrecken der Frauen, die in aller Frühe zum Grab gehen und den Leichnam Jesu salben wollen. Sie halten – verständlicherweise – noch an dem Toten und dem Materiekörper fest. Aber sie machen die Erfahrung, dass der Tote sich ihnen entzieht: tot ist offensichtlich nicht tot und möglicherweise erschrecken sie darüber, dass ihre Vorstellung von „tot" gar nicht stimmt. „Tod" und „Leben" sind offensichtlich ganz anders einzuordnen als sie bisher geglaubt haben. Da werden alte und bisher geglaubte Denk- und

Vorstellungsmuster gesprengt und dieser Vorgang besitzt eine solch gewaltige geistige Kraft, dass er den Menschen in seinem Inneren erschüttert. Ein altes Denkgebäude fällt zusammen, ein neues muss erst aufgerichtet werden.

Hinzu kommt die göttliche Botschaft durch den Engel, wie immer wir uns diese Szene auch vorstellen mögen. Wo Gott – durch seinen Boten und durch seine Botschaft – in das Leben eines Menschen tritt, bedeutet dies zumeist eine grundlegende Veränderung der bisherigen Lebensplanung und die Vorstellung daran kann Angst und Entsetzen auslösen. Es handelt sich um einen gewaltigen Einbruch in die bisherige Lebenswirklichkeit, die eine ganz neue und radikale Wendung erfährt. Deshalb überliefert uns die Bibel auch die Botschaft des Engels: *„Erschreckt nicht!"* (Mk 16,6) Und auch bei der Verkündigung an Maria beginnt der Engel seine Mitteilung mit den Worten *„Fürchte dich nicht, Maria..."* (Lk 1,36)

Auch wenn das offizielle Evangelium der Osternacht mit der Botschaft des Engels und dem Hinweis auf den Auferstandenen schließt[43], der entsprechende Abschnitt des Evangeliums endet allerdings noch einmal mit dem Schrecken und Entsetzen der Frauen, die vom Grab fliehen und – zunächst einmal – aus Furcht schweigen[44]: Offenbar zeigt sich das österliche Leben in einer solch gewaltigen Macht, dass man diese zunächst einmal verarbeiten und verstehen muss. Und das geht nicht so schnell. Österliche Freude ist jetzt noch nicht angesagt; zu viele ungeklärte Fragen stehen zu diesem Zeitpunkt noch im Raum.

---

[43] Vgl. Mk 16,7.
[44] Vgl. Mk 16,8.

Jesus geht voraus

Zu der Botschaft von der Auferstehung Jesu durch den Engel gehört zudem auch der Hinweis, dass Jesus, der Gekreuzigte, nicht mehr hier im Grab zu finden ist, sondern den Jüngern und den Frauen nach Galiläa vorausgeht[45]. Der Auferstandene ist nicht festzuhalten und auch nicht einzusperren, und das auf verschiedenen Ebenen:

- Nicht im Grab, indem Menschen einen schweren Stein davorschieben und es verriegeln, damit weder von außen jemand hineinkommt noch von innen jemand herausgelangt.
- Nicht in unseren Vorstellungen, die immer wieder vorläufig sind und überprüft und verändert und den neuen Erfahrungen angepasst werden müssen. So feiern wir jedes Jahr Ostern und jedes Jahr kommen auch bei uns Christen heute neue Erkenntnisse und innere Einsichten zur Auferstehung hinzu. Niemals ist dieser Prozess wirklich abgeschlossen.
- Nicht in den kirchlichen Dogmen, die oftmals wie ein festgefügtes und unumstößliches Glaubensgebäude wirken, das die Kirche aufgerichtet hat. Bei aller Berechtigung dieser Glaubenssätze lässt Ostern aber nur den Schluss zu: Der Auferstandene und die Erfahrung der Auferstehung ist größer als das, was in Sätzen und Lehraussagen formuliert worden ist.
- Nicht einmal in der Eucharistie, die Jesus selbst am Gründonnerstag eingesetzt und sich daran gebunden hat. Auch wenn er ganz real in Brot und Wein zugegen ist und uns dort begegnet, so hat er als Auferstandener doch darüber hinaus noch viele andere Möglichkeiten, sich den Menschen zu zeigen und bei ihnen als der Lebendige schlechthin zu sein.

---

[45] Vgl. Mk 16,7.

Jesus, das macht Ostern und die Auferstehung deutlich, ist der ganz andere, der uns vorausgeht und weiter und größer ist als unser Denken und unsere Vorstellungskraft. Ostern sprengt die Grenzen unseres Verstehens.

Neuschöpfung des Menschen
Neben dem schon erwähnten Osterevangelium nach Markus haben wir in dieser Nacht auch den alttestamentlichen ersten Schöpfungsbericht gehört, der uns die stufenweise göttliche Erschaffung unseres Lebensraumes und der einzelnen Lebewesen bis hin zum Menschen erzählt. Diese Schöpfung geschieht Schritt für Schritt, in einzelnen Etappen und Abschnitten. Schöpfung ist nicht auf einmal da und dann fertig, sondern braucht Zeit, um zu wachsen und zu reifen. Von daher dürfte der Sinn dieser Lesung in der Osternacht auch der sein, dass der Mensch auf eine neue Schöpfung hin angelegt worden ist, die mit der Auferstehung Jesu begonnen hat. Der auferstandene Mensch ist eine „neue Schöpfung", wie der Apostel Paulus es formuliert hat[46]. Es geht nicht um die – physikalische und biologische – Schöpfung unserer natürlichen Welt, sondern um die Neuschöpfung des Menschen durch die Auferstehung Jesu. Das kann durchaus schon jetzt in diesem irdischen Leben seinen Anfang nehmen, wenn ich von Christus ergriffen werde und seine lebendige Gegenwart in mir spüre. In dieselbe Richtung weisen auch die Worte des Propheten Ezechiel, wenn er sagt: *„Ich gieße reines Wasser über euch aus, dann werdet ihr rein. Ich reinige euch von aller Unreinheit und von allen euren Götzen. Ich schenke euch ein neues Herz und lege einen neuen Geist in euch. Ich nehme das Herz von Stein aus eurer Brust und gebe euch ein Herz von Fleisch. Ich lege*

---

[46] *„Wenn also jemand in Christus ist, dann ist er eine neue Schöpfung: Das Alte ist vergangen, Neues ist geworden." * (2 Kor 5,17)

meinen Geist in euch und bewirke, dass ihr meinen Gesetzen folgt und auf meine Gebote achtet und sie erfüllt." (Ez 36,25-27)

Auch wenn dieses Prophetenwort historisch gesehen zunächst auf das Volk Israel gedeutet werden muss, so spricht es doch auch in einer tieferen Dimension vom neuen und auferstandenen Menschen, der von Gottes Geist erfüllt ist und sich auf Gott hin ausrichtet. So sind wir, so bin ich nach der Auferstehung als ein neugewordenes Geschöpf Gottes: erfüllt von seiner Liebe und Weisheit, wissend und glaubend, dass einzig in Gott bzw. Jesus Christus das wahre Leben ist, das wir bzw. ich von dort erhalte.

In diesem Sinne wünsche ich Ihnen frohe und gesegnete Ostern.

Sehnsucht nach dem Herrn
Predigt am Ostersonntag

Maria von Magdala – ihre Ostererfahrung

Das Ostergeschehen, die Auferstehung Jesu, bleibt im Dunkeln und im Verborgenen. Das eigentliche Geschehen ist eine Sache Gottes, die wir Menschen nicht sehen und begreifen können; es bleibt ein Geheimnis, das wir glauben können – oder auch nicht. Von der Tatsache der Auferstehung wissen wir von den Zeugen und Zeuginnen, die in ihrer ganz individuellen Art Erfahrung mit Jesus von Nazareth gemacht haben, von dem sie wussten, dass er gekreuzigt worden ist, dann aber sehr deutlich gezeigt bekommen haben, dass er lebt. Davon berichten die verschiedenen Ostererzählungen, die wir in diesen Tagen in den Gottesdiensten hören.

In der Osternacht wurde uns die Begegnung der Frauen mit dem Engel am leeren Grab vorgetragen: Nach dem Markusevangelium waren dies Maria aus Magdala, Maria, die Mutter des Jakobus, und Salome[47]. Heute werden im Evangelium noch die Apostel Petrus und der „Lieblingsjünger" erwähnt, wobei diese Geschichte eingebettet ist in eine weitere Erzählung, in deren Mitte Maria Magdalena und ihre ganz individuelle Begegnung mit dem Auferstandenen steht.

Maria Magdalena oder Maria von Magdala ist eine ganz besondere Osterzeugin, da sie eine ganz außergewöhnliche Beziehung zu Jesus entwickelt hatte, der für sie zum Dreh- und Angelpunkt ihres Lebens wurde. Es muss in ihrem Leben einen ganz einschneidenden Wendepunkt gegeben haben, durch den sie Jesus als ihren Herrn und ihre Lebenskraft entdeckt und angenommen hat. Leider finden wir in den Evangelien keine näheren Einzelheiten bis auf den Hinweis, dass Jesus aus ihr sieben Dämonen ausgetrieben hat[48].

Dadurch aber wurde Maria zur Nachfolgerin Jesu und gehörte u.a. zu denen, die unter dem Kreuz ausharrten und nicht wegliefen[49]. Sie hatte zweifelsohne eine sehr starke emotionale Bindung an „ihren Jesus" gehabt – zu seinen Lebzeiten, bei seinem Sterben und auch nach seinem Tod. Dies zeigt sich u.a. darin, dass sie in der Frühe zum Grab geht: Sie möchte in der Nähe des Leichnams trauern, vielleicht, weil sie hier das Gefühl hat, sie kann ihn noch einmal anfassen und berühren und ihm auf diese Weise noch einmal nahe sein, auch wenn es „nur" der Tote ist. Der Lebendige fehlt, und womöglich kann der Tote durch seine Anschaubarkeit und Berührbarkeit dieses Fehlen ein wenig kompensieren.

---

[47] Vgl. Mk 16,1.
[48] Vgl. Lk 8,2.
[49] Vgl. Joh 19,25.

Sicherlich ist das für viele von uns nachzuvollziehen: Oftmals kann ich bei Angehörigen beobachten, wie wichtig für sie nach dem Versterben eines geliebten Menschen ein Streicheln, Umarmen und auch Küssen des toten Körpers ist, um ihm in ihrer Trauer noch einmal nahe zu sein und dann nach letzten Körperkontakten endgültig Abschied zu nehmen. So ähnlich könnte es auch bei Maria Magdalena gewesen sein.

Maria von Magdala – der Sehnsucht nachspüren
Wenn wir auf diesem Hintergrund das Evangelium lesen bzw. hören, dann merken wir, dass uns hier die Geschichte einer Frau erzählt wird, die eine große Liebe in sich getragen und eine große Sehnsucht nach Jesus verspürt hat, den sie „meinen Herrn" nannte. Dieser Sehnsucht gibt sie nun am Grab Raum, indem sie auch ihren Gefühlen freien Lauf lässt und weint. Im Gegensatz zum Bericht des Markusevangeliums in der Osternacht gibt es hier kein Erschrecken, sondern vielmehr steht die Frage im Vordergrund: Was ist mit dem (toten) Leib geschehen? Wer hat ihn weggenommen? Dass etwas anderes mit ihm geschehen sein könnte, z.B. eine Verwandlung oder Vergeistigung durch die Auferstehung, kommt Maria zu diesem Zeitpunkt noch nicht in den Sinn.
Sie blickt bislang auch nur ins Grab. Auch wenn der Leichnam dort nicht mehr liegt und stattdessen sie zwei Engel nach dem Grund ihrer Tränen fragen – sie ist bis jetzt nur auf den Toten fixiert und in ihrer Trauer gefangen. Aber durch die Frage der Engel kommt etwas in ihr in Bewegung. Sie dreht sich um, wobei die äußere Wende auch eine innere Veränderung ihrer Blickrichtung bedeuten mag: Jetzt ist sie nicht mehr auf das Grab als Ort des Todes ausgerichtet, sondern schaut in den Garten, wo das Leben zu blühen beginnt. Dort sieht sie auch den Gärtner, jenen Arbeiter, der für die Rahmenbedingung zuständig ist, damit das Leben in der Natur des Garten wachsen und gedeihen kann.

Auch er stellt ihr die Frage: „Warum weinst du?" Und vor allem: „Wen suchst du?" Maria soll durch diese Fragen in ihr Inneres hineinhorchen: Was ist der Grund ihrer Trauer? Was ist ihre Sehnsucht? Denn das Wort „Sehnsucht" setzt sich zusammen aus den Vokabeln „sehnen" und „suchen".

Die Frage nach der wahren Sehnsucht, die – womöglich unbewusst – im Inneren der Seele schlummert, geht auch uns etwas an. Was suchen wir in unserem Leben? Wonach haben wir eine Sehnsucht? Nach welcher Art von Leben? Was ist das eigentliche Ziel, auf das wir ausgerichtet sind? Es tut gut, sich immer einmal wieder Zeit zu nehmen und diesen Fragen nachzugehen.

Maria von Magdala – Entwicklung zur Auferstehung

Die Sehnsucht der Maria Magdalena gilt zweifellos ihrer Lebensquelle, Jesus Christus, den sie als ihren Herrn angenommen hat. Aber auch umgekehrt hat der Auferstandene offenbar eine Sehnsucht nach ihr. Damit ein Erkennen möglich wird und ein Prozess in Gang gesetzt werden kann, spricht er sie mit ihrem Namen an: *„Maria!"* (Joh 20,16) Hier wird das Prophetenwort lebendig und konkret, wo es in bei Jesaja heißt: *„Ich habe dich bei deinem Namen gerufen; du bist mein."* (Jes 43,1) Gott wendet sich im Alten Bund seinem Volk zu; er ruft Israel bei seinem Namen. Der auferstandene Jesus wendet sich Maria Magdalena zu und ruft sie bei ihrem Namen und macht damit deutlich, dass sie gemeint ist. Eine persönliche Beziehung entsteht zwischen beiden, zumal Maria zaghaft fragend offenbar den Gärtner als ihren gesuchten Herrn erkennt und antwortet: *„Rabbuni!"* (Joh 20,16)

Vielleicht kennen wir auch solche Situationen, in denen wir gespürt haben, dass Gott uns anspricht und dass aus einer solchen Ansprache sich eine weitergehende Beziehung entwickelt hat. Ausgangspunkt war womöglich auch eine tieferliegende Sehnsucht, die sich immer mehr entfaltet hat.

Bei Maria war es so, dass ihre Sehnsucht den Auferstandenen festhalten wollte – so können wir jedenfalls die Reaktion Jesu im Evangelium verstehen. Doch dieser lässt sich nicht mehr an die Erde binden und einfangen: die Zeit des Grabes ist vorbei. So dürfen auch wir den Auferstandenen zwar erkennen, wenn unsere Sehnsucht uns zu ihm hinzieht, festhalten können wir ihn nicht. Er befindet sich bereits in einer anderen Dimension, die mehr ist als diese irdische Wirklichkeit, die für uns noch nicht oder vielleicht nur ansatzweise greifbar ist. Wir müssen uns noch dorthin entwickeln: eine Aufgabe, die unser ganzes Leben mit immer neuen Herausforderungen in Anspruch nehmen wird, bis wir einmal die ganze Wirklichkeit Jesu in uns ausgebildet haben. Dann hat sich das neue Leben in uns ausgebreitet, dann sind auch wir auferstanden.

Wachsen des Osterglaubens
Predigt am Ostermontag

Das Zeugnis des Paulus

Wir haben miteinander Ostern gefeiert. Die festliche Liturgie in der Osternacht hat uns an das Geheimnis der Auferstehung gefühlsmäßig herangeführt.

Heute, am Ostermontag, haben wir in der Lesung das wohl älteste christliche Auferstehungszeugnis gehört. Paulus hat es „empfangen". Es ist eine kurze Zusammenfassung der Ereignisse von Tod und Auferstehung Jesu, die im jungen Christentum formuliert worden ist. Der Apostel erwähnt dieses Bekenntnis in seinem ersten Brief an die

Korinther. Es lautet: *„Christus ist für unsere Sünden gestorben, gemäß der Schrift, und ist begraben worden. Er ist am dritten Tag auferweckt worden, gemäß der Schrift, und erschien dem Kephas, dann den Zwölf. Danach erschien er mehr als fünfhundert Brüdern zugleich; die meisten von ihnen sind noch am Leben, einige sind entschlafen. Danach erschien er dem Jakobus, dann allen Aposteln."* (1 Kor 15,3b-7)

Aus diesem Text wird deutlich, dass der österliche Glaube vom Hören kommt: Es gab eine Reihe von Auferstehungszeugen, denen Christus erschienen ist, d.h. diese Menschen haben ihre ganz persönlichen Erfahrungen in der Begegnung mit dem Auferstandenen gemacht und haben diese anderen gegenüber bezeugt. So hat sich der Glaube allmählich ausgebreitet, weil diese Erfahrungen weitererzählt und als wahr und stimmig angenommen wurden.

Auch Paulus selbst zählt sich zu den Auferstehungszeugen, wenn er den Korinthern schreibt: *„Als letztem von allen erschien er auch mir, dem Unerwarteten, der Missgeburt."* (1 Kor 15,8)

Zusammenfassend können wir also sagen: Es gab im Jüngerkreis Jesu und möglicherweise auch darüber hinaus Menschen, denen sich der Gekreuzigte als Auferstandener gezeigt hat. Und diese Menschen haben ihre Erlebnisse weitererzählt, die dann später von den sogenannten Evangelisten festgehalten und aufgeschrieben wurden. Eine Absicht dieser Evangelien war auf jeden Fall deutlich zu machen: Der Tod hat nicht das letzte Wort.

Das Zeugnis der Emmausjünger

Eine ganz spezielle Auferstehungserfahrung ist die Erzählung von denen Emmausjüngern, die wir jedes Jahr am Ostermontag hören. Es geht um die beiden Freunde und Anhänger Jesu, die unterwegs sind und sich über ihre Gefühle austauschen, die in ihnen nach der Katastrophe von

Golgatha hochkamen: Jesus, auf den sie ihre Hoffnungen gesetzt hatten, war am Kreuz hingerichtet worden, und nun mussten sie sich mit zerstörten Träumen und Wünschen nach einem neuen und befreiten Israel auseinandersetzen. Während dieser persönlichen „Trauerarbeit" erfahren sie, dass der auferstandene Jesus sich in ihr Gespräch einmischt und ihr Wegbegleiter wird. Aber sie erkennen in ihm noch nicht den Auferstandenen, weil ihre geistigen Augen noch mit Blindheit geschlagen sind, d.h. ihr Glaube ist in ihrem Herzen noch nicht ausgereift. Trauer und Scherz verdecken ihr geistiges Sehvermögen und erst auf dem Weg und im Gespräch mit dem unbekannten Wanderer kommt es zu einer Lösung der inneren Blockade: Das Herz wird leichter und freier und der Schleier wird allmählich weggenommen.

Doch der Durchbruch zum eigentlichen Osterglauben wird erst möglich, als das „Dorf" erreicht ist. Emmaus mag von daher nicht nur ein geografischer Ort sein, sondern auch ein entscheidender innerer Wendepunkt im Leben der beiden Jünger sein. Eine Weile, d.h. eine bestimmte Wegstrecke haben sie sich mit Jesus auseinandergesetzt, dann äußern sie die Bitte, dass er mit ihnen und bei ihnen einkehrt. Es könnte – im übertragenen Sinn – auch der gereifte und dann ausgesprochene Wunsch sein, dass Jesus jetzt ins Herz kommen und dort Wohnung nehmen soll. Die innere Sehnsucht hat sich soweit gesteigert, dass jetzt die Bereitschaft da ist, an den Auferstandenen zu glauben und ihn in sich aufzunehmen. Dies gilt für die beiden Jünger im Evangelium, dies gilt aber auch für jeden von uns, der sich mit dem Osterglauben beschäftigt und mit ihm ringt.

Unser Glaubensweg: Tradition und Erfahrung
Schauen wir heute also auch auf unseren persönlichen Auferstehungsglauben: Wie bin ich zu ihm gekommen? Was hat sich in

meinem Leben ereignet, sodass ich an die Auferstehung glauben kann – mit all den Abstrichen und Fragen, die immer wieder dazugehören?

Die erste Antwort geht in die Richtung, die Paulus seiner Gemeinde in Korinth gibt: durch die Tradition. Der Glaube kommt vom Hören, von dem, was andere glaubwürdige Zeugen mir erzählt haben: meine Eltern und womöglich weitere gläubige Familienmitglieder, überzeugende Personen und Persönlichkeiten in der Kirche, Freunde oder vielleicht auch ganz andere Menschen aus meinem Lebensumfeld. Sie alle haben dazu beigetragen, dass es mir möglich war, einen gewissen Grundstock an „Glaubenswissen" anzulegen, den ich in meinem weiteren Leben vertiefen, ergänzen oder auch modifizieren konnte.

Darüber hinaus war und ist die persönliche Glaubens- bzw. Christuserfahrung ganz wichtig und unumgänglich. Jeder Christ muss auch seinen eigenen „Emmausweg" gehen und sich auf diesem mit seinen Glaubens- und Lebensfragen auseinandersetzen. Und zu diesen gehören zweifelsohne auch das Erleben von Schmerz, Trauer, Enttäuschung … Irgendwann komme ich aber dann womöglich zu dem Punkt, wo ich – wie in der biblischen Emmauserzählung – den „unbekannten Jesus" bitte, nicht weiterzugehen, sondern zu bleiben und ihn in das eigene Seelenhaus einlade. Ein solcher persönlicher Emmausweg kann womöglich viele Jahre dauern und die Lebenserfahrung zeigt, dass ich ihn zu gewissen Zeiten auch wieder neu gehen muss, weil sich neue Fragen aufgetan haben und nach neuen Antworten verlangen. Dabei darf ich getrost sein: Jesus wird den Weg zu meinem Emmaus immer wieder mitgehen, jedes Mal aufs Neue, wenn es erforderlich sein sollte und das Leben dies verlangt.

Ausblick: Verkündigung geht weiter

Die Aufzeichnungen enden mit den Predigten an den Ostertagen 2015. Hier habe ich für dieses Buch eine Zäsur gemacht, auch wenn die mündliche Verkündigung weitergegangen ist und immer weiter geht. In diesem Buch durfte ich eine begrenzten Anzahl von Predigten vorstellen, die eigentlich nur ein Ziel hatten: Jesus Christus mit seiner Botschaft von der unendlichen Liebe Gottes in den unterschiedlichen Facetten, die der Jahreskreis zu bieten hat, zu verkünden.

Für diese Verkündigung sind uns Predigern für die heutige Zeit Hilfsmittel an die Hand gegeben, die es uns ermöglichen, Text und Thema aufzuschließen und besser zu erfassen: Allem voran steht sicherlich die historisch-kritische Exegese der theologischen Wissenschaft, die es uns ermöglicht, den Text der Hl. Schrift literarisch und auch geschichtlich einzuordnen. Auf diese Weise kann eine erste Annäherung an das Verständnis der entsprechenden Lesungstexte und damit auch an das Thema der zu entwickelnden Predigt erfolgen. Dies ist jedoch erst der Anfang, denn die eigentliche Botschaft liegt zumeist tiefer und kann durch wissenschaftliches Denken allein nicht erfasst werden. Ein weiterer Zugang zum Bibeltext ist von daher die Vertiefung durch die persönliche Meditation, die noch einmal andere Aspekte aufleuchten lässt. Eigene Erfahrungen werden womöglich erinnert und fließen in die Auslegung und Deutung mit ein. Bei der Predigt kann die Person des Predigers nicht außen vor bleiben: Auch wenn das Wort des Apostels Paulus gilt, dass wir nicht uns selbst verkünden[50], so erfolgt die Verkündigung doch immer durch die „Brille" des Verkündigers: Die Predigt schildert immer auch seine persönliche Sichtweise, wie er den Text und die Botschaft verstanden hat. Dabei muss die Essenz der

---
[50] Vgl. 2 Kor 4,5.

Botschaft im Inneren der eigenen Seele heranreifen, ehe sie schließlich in der Predigt in eine Form gebracht und ausgesprochen werden kann. Von daher ist das Werden einer solchen Predigt zumeist ein innerer Weg oder Prozess, der immer wieder neu eine Herausforderung und Auseinandersetzung mit dem Text oder Thema bedeutet.

In einem Kirchenlied[51] singen wir: „Herr, gib uns Mut zum Hören auf das, was du uns sagst." Auf diesem Hintergrund war und ist ein wichtiges Ziel dieser und auch vieler anderer Predigten, dem Leser Mut zu machen sich auf Jesus Christus und sein Wort einzulassen, beim Hören selbst immer aufmerksamer zu werden und möglicherweise einmal selbst die Hl. Schrift in die Hand zu nehmen und zu betrachten. Wenn dies bei dem ein oder anderen Hörer bzw. Leser so wäre, hätte die Verkündigung schon viel erreicht. Denn es kommt schließlich nicht darauf an, dass die ausgesprochenen oder aufgeschriebenen Worte nur im Raum stehen bleiben, sondern vielmehr Zugang zu den Menschen und ihren Seelen finden. Dort verhält es sich dann wie mit der ausgestreuten Saat, die, wenn sie auf gutes Erdreich fällt, vielfache Frucht bringt[52].

Von daher hoffe ich, dass die in diesen Predigten niedergeschriebenen Gedanken einen kleinen und bescheidenen Beitrag dazu haben leisten können, den ein oder anderen einen geistigen Prozess anzuregen.

---

[51] Vgl. GL Nr. 448.

[52] Vgl. Mt 13,23 parr.

Abkürzungen

AG .... Ad Gentes (Dekret über die Missionstätigkeit der Kirche)
DV .... Dei Verbum (Dogmatische Konstitution über die göttliche Offenbarung)
GL .... Gotteslob (Katholisches Gebet- und Gesangbuch)
GuL .... Geist und Leben (Zeitschrift für christliche Spiritualität)
LG .... Lumen Gentium (Dogmatische Konstitution über die Kirche)

Printed by Books on Demand GmbH, Norderstedt / Germany